왜 욕하면 안 되나요?

왜 욕하면 안 되나요?

1판 1쇄 펴냄 2011년 11월 11일
1판 6쇄 펴냄 2014년 7월 21일

지은이   김태광
그린이   천필연
편집   박경화, 황설경, 이은영
마케팅   농만석, 한아름

펴낸이   하진석
펴낸곳   참돌어린이

주소   서울시 마포구 독막로 3길 8
전화   02-518-3919
팩스   0505-318-3919
이메일   book@charmdol.com
신고번호 제313-2011-157호
신고일자 2011년 5월 30일

ISBN 978-89-967074-3-1 63710

* 이 책 내용의 전부나 일부를 이용하려면 반드시 저작권자와
  참돌어린이의 서면 동의를 받아야 합니다.
* 책값은 뒤표지에 있습니다.
* 잘못된 책은 구입하신 곳에서 바꾸어 드립니다.

왜 욱하면 안 되나요?

김태광 지음 · 천필연 그림

참돌어린이

머리말

지금 쓰는 말버릇이 미래를 좌우한다

주위에 누가 있든 없든 욕설이 담긴 대화를 하는 학생들이 많아졌어요. 욕설을 아무렇지 않게 내뱉는 십대들을 보면 그들의 성품을 의심하게 됩니다. 아무리 공부 잘하고 똑똑하더라도 호감은커녕 반감을 가지게 되죠.

주위 사람들에게 미움 받는 십대들을 보면 한 가지 공통점이 있습니다. 욕설과 거친 말을 스스럼없이 한다는 것입니다. 사람들에게 미움 받는 지름길은 욕쟁이가 되는 것입니다. 따라서 소중한 사람들에게 사랑받고 싶다면 예쁜 말, 고운 말을 해야 합니다. 고운 말을 하는 순간, 그 말을 듣는 사람은 물론, 나까지 기분이 좋아진답니다.

여러분에게는 꿈이 있고 그 꿈을 이룰 수 있는 힘을 누구나 가지고 있습니다. 하지만 욕하는 습관은 멋진 미래를 만드는 여러분의 노력을 방해하는 훼방꾼과 같습니다. 말을 할 때 사람들이 자신을 소중하고 귀하게 여기게 해 주는 말을 하도록 애써야 합니다. 고운 말을 쓴다는 것은 나를 아끼고 사랑한다는 뜻과 같습니다. 자기 자신을 사랑하는 사람에게는 그 누구도 함부로 대하지 못한답니다.

세계적인 성공학의 거장 나폴레온 힐은 자신의 성공 비결은 긍정적인 말버릇에 있다고 고백했습니다. 그는 성공하기 전부터 '나는 매일 조금씩 성공하고 있다'는 문구를 눈에 잘 띄는 곳에 붙여 두고 매일 습관처럼 중얼거렸습니다.

그렇습니다. 성공하는 인생을 살고 싶다면 가장 먼저 예쁘고 사랑이 담긴 성공의 언어를 써야 합니다. 이런 긍정적인 언어들이 기회들을 끌어당기기 때문이지요.

"행동이 바뀌면 습관이 바뀌고, 습관이 바뀌면 성격이 바뀌고, 성격이 바뀌면 운명이 바뀐다"는 말이 있습니다. 그래서 흔히 습관은 제2의 천성이라고 말하는 것입니다. 자신의 노력에 따라 얼마든지 나쁜 습관을 좋은 습관으로 바꾸어 운명을 바꿀 수 있습니다.

말의 힘은 과학적입니다. 지금 하는 말버릇에 따라 불행한 미래를 창조할 수도, 눈부신 미래를 창조할 수도 있습니다.

여러분, 고운 말을 쓰는 언어 습관의 주인이 되도록 노력해 보세요. 좋은 습관의 주인이 될 때 운명마저 자신이 바라는 대로 창조할 수 있답니다.

2011년 5월, 봄 햇살 가득한 날
지은이 김태광

차례

머리말 … 004

PART 1 왜 욕하면 안 되나요?

1. 열 살 욕 버릇 여든까지 간다 • 010
2. 욕은 나의 삶을 망치는 나쁜 습관 • 018
3. 욕에 담긴 끔찍한 뜻 • 027
4. 욕은 나를 천한 사람으로 만든다 • 034
5. 욕은 정신과 육체의 건강을 해쳐요 • 040
6. 악성댓글은 보이지 않는 폭력이에요 • 046
7. 지금 쓰는 말이 미래를 좌우한다 • 054

PART 2 욕, 이렇게 고쳐요

욕할 때 기분이 좋아요 … 064
친구가 욕을 쓰면 즉시 지적하자 • 068
TIP 거울 요법 활용하기 • 071

욕을 못하면 왕따 당해요 … 072
예쁜 말을 하는 친구들과 가까이 하자 • 075
TIP 성공한 사람들의 말버릇 떠올리기 • 078

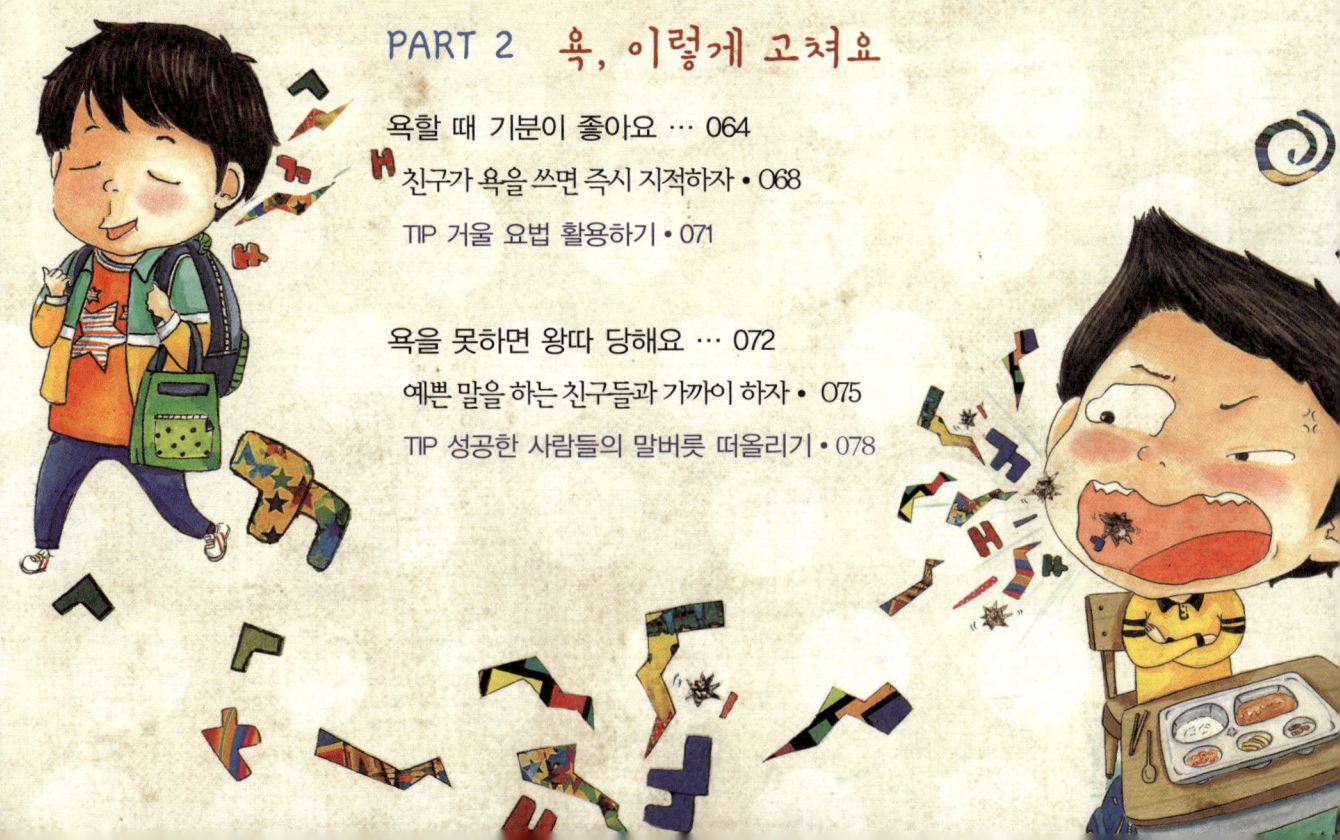

상대방에게 강한 인상을 남기고 싶어요 … 080
　상대방에게 강한 인상이 아닌 좋은 인상을 남기자 • 087
　TIP 고사성어 역지사지 생각하기 • 094

욕 대신에 적당한 표현이 떠오르지 않아요 … 096
　독서를 통해 표현력을 기르자 • 100
　TIP 독후감 쓰기 • 104

나도 모르게 욕에 중독 됐어요 … 106
　TV 시청, 인터넷 게임은 시간을 정해 놓고 하자 • 110
　TIP 은어, 속어를 대체할 재미있는 우리말 찾아보기 • 114
　TIP 친구에게 자신감을 주는 희망의 말 적어 보기 • 118
　TIP 사랑을 표현하는 예쁜 말 적어 보기 • 119

욕이 그렇게 나쁜 말인지 몰랐어요 … 120
　연습장에 자주 쓰는 욕을 적고 의미를 찾아보자 • 127
　TIP 욕하는 모습 휴대 전화로 촬영하기 • 129
　TIP 스트레스 풀기 • 130

영화랑 TV에서도 욕하잖아요 … 132
　죽음을 부르는 인터넷 폭력 게임 • 138
　TIP 문학 작품에 나오는 예쁜 문장
　　　따라 쓰기 • 140

맺음말 … 147

1 열 살 욕 버릇 여든까지 간다

어떤 스승이 제자와 함께 산에 올랐습니다. 스승은 제자에게 세 그루의 나무를 보여 주며 한번 뽑아 보라고 말했습니다. 첫 번째 나무는 심은 지 얼마 되지 않은 나무라서 손쉽게 뽑을 수 있었습니다.

두 번째 나무는 1년 된 나무였습니다. 제자는 뽑기는 했지만 몸에 힘이 다 빠질 만큼 힘들게 나무를 뽑았습니다. 문제는 세 번째 나무였습니다. 그 나무는 이미 심은 지 오래된 것이었습니다. 뿌리가 깊어 아무리 애를 쓰고 힘을 들여도 도저히 뽑을 수가 없었습니다.

한참 동안 애를 쓰던 제자가 스승에게 말했습니다.

"스승님, 이 나무는 심은 지 오래돼서 도저히 제 힘으로 뽑을 수가 없습니다!"

그 모습을 지켜보던 스승이 제자에게 말했습니다.

"사람의 습관이란 것도 이와 같은 것이다. 선이든, 악이든 습관이 되고 그 습관이 오래되면 그만큼 뽑기가 어려운 법이다!"

맞아요. 습관은 참으로 중요합니다. 한 번 몸에 밴 습관은 고치기가 힘들어요. 어린 시절에 욕을 습관처럼 하는 친구는 어른이 되어서도 입에 욕을 달고 살게 됩니다.

어른들 중에도 욕을 잘하는 사람이 있습니다. 길거리나 지하철, 버스 등 공공장소에서 누군가와 대화를 나누면서 욕을 섞어서 하는 사람을 간혹 볼 수 있지요. 주위 사람들을 의식도 하지 않은 채 욕설을 마구 내뱉습니다.

이렇게 욕을 잘하는 어른들의 공통점은 무엇일까요? 어린 시절부터 욕하는 버릇이 몸에 배었다는 것입니다. '세 살 버릇 여든까지 간다'는 속담처럼 '열 살 욕 버릇 역시 여든까지 간다'는 것을 기억해야 합니다. 욕하는 습관이 몸에 배면 자신도 모르게 욕을 쓰게 돼요. 그리고 무엇보다 중요한 것은 욕이 여러분의 인생에 아주 큰 영향을 끼친다는 사실입니다.

과학자들이 성공한 사람들의 비밀을 밝히고자 연구를 했습니다. 그러자 한 가지 놀라운 사실을 발견했습니다. 성공한 사람들의 성공 비결을 분석한 결과, 한 가지 공통점을 찾아낸 것입니다. 성공한 사람들은 늘 성공을 부르는 긍정적인 말을 하는 습관을 가지고 있었습니다.

'마린 보이' 박태환은 우리나라 최초로 수영에서 올림픽 금메달을 획득한 뛰어난 선수입니다. 하지만 박태환도 항상 성공적인 길만 걸어 온 것은 아닙니다.

박태환은 불과 열다섯 살이란 어린 나이에 2004년 아테네올림픽 최연소 국가 대표로 출전했습니다. 그러나 자유형 400미터 예선에 나선 박태환은 너무 긴장한 나머지 두 번 연속으로 준비 신호 소리에 물속으로 뛰어들고 말았습니다.

부정 출발로 실격을 당한 그는 눈물을 머금고 그대로 퇴장해야 했습니다. 그동안 피땀 흘리며 연습하고 훈련한 것이 모두 물거품이 되고 만 것입니다.

귀국하고 나서도 그는 너무나 괴로운 마음에 두 달 동안 집 밖으로 나오지 않았습니다. 사람들도 만나지 못했고, 수영 연습도 하지 못했습니다. 자기가 했던 어이없는 실수가 계속 떠올랐습니다. 하지만 박태환은 거기서 멈추지 않았습니다.

'이렇게 포기하면 안 돼. 여기서 절대 멈출 수 없어. 다시 그곳에 서게 된다면 절대 같은 실수를 하지 않을 거야. 다음 올림픽에서는 꼭 금메달을 따고 말 거야!'

박태환은 마음을 추스르고 다시 연습에 매진했습니다. 지난 뼈아픈 기억이 되살아날 때마다 '된다, 된다, 나는 된다'는 긍정의 말을 주문처럼 외웠고, 그 결과 베이징올림픽에서 금메달을 따냈습니다. 박태환은 대한민국 수영 역사상 첫 올림픽 금메달의 주인공이 되었고, 세계적인 수영 선수가 될 수 있었습니다.

박태환이 힘든 시기를 극복하지 못하고 자기를 단련하지 않았다면 지금의 박태환은 만날 수 없었을 거예요.

성공한 사람들은 긍정적인 말의 힘에 대해 잘 알고 있습니다. 그리고 누군가를 욕하거나 험담하고 불평하게 되면 그것은 고스란히 자신에게 돌아온다는 것도 알았어요.

우리의 뇌는 '누가'라는 주어를 이해하지 못합니다. 예를 들어 "쟤는 정말 싫어"라고 말한다면 뇌의 자율신경계는 싫어하는 사람을 상대방이 아닌 '나'로 착각하게 됩니다. 즉, 나를 싫어하는 걸로 오해하는 거죠.

그 결과 우리 몸속에서는 나쁜 스트레스 호르몬이 분비됩니다. 나를 싫어하는 줄로 알고 나쁜 호르몬을 내보내는 것이죠. 우리가 다른 사람을 미워하거나 나쁜 말을 하면, 오히려 내가 기분이 안 좋아지는 것도 다 이 때문입니다. 결국 다른 사람에게 하는 욕은 나에게 하는 셈이 되는 거죠. 따라서 욕을 하면 나의 몸과 마음이 상처받게 된답니다.

그래서 성공한 사람들은 항상 긍정적으로 생각하고 말하려고 노력합니다. 다른 사람이 아닌 자신을 위해서 말이지요.

사람은 태어날 때부터 성공한 사람과 실패한 사람으로 정해져 있지 않습니다. 고랑에 물이 흘러 실개천이 되고, 나아가 강이 되어 바

다로 흘러가듯이 사소한 작은 습관에서부터 성공의 초석이 다져지는 것입니다.

여러분이 평소에 하는 말은 생각에서 비롯된 것입니다. 자신이 욕을 잘하는 사람이라면 그런 생각을 머릿속에 가지고 있기 때문에 자꾸 욕을 하게 되는 거예요. 따라서 항상 예쁘고 긍정적인 생각을 가지도록 노력해야 합니다.

러시아의 교육가 우신스키는 습관에 대해 이렇게 말했습니다.

"좋은 습관은 사람의 사고방식 속에 존재하는 도덕적인 자본이다. 이 자본은 계속 늘어나며 사람들은 일생을 살아가면서 그 '이자'를 얻는다. 반대로 나쁜 습관은 도덕적으로 갚지 못한 빚이라고 할 수 있다. 이 빚은 계속 이자가 붙어 사람을 괴롭힌다. 사람의 노력을 물거품으로 만들기도 하고, 심하면 한 사람을 도덕적으로 파산시키기도 한다."

여러분, '열 살 욕 버릇 여든까지 간다'는 것을 명심해야 해요. 욕하는 습관은 그대로 끝나는 것이 아니라 여러분의 미래와도 연

결되어 있습니다.

　지금 자신의 미래를 알고 싶다고요? 그렇다면 지금 자신이 어떤 말을 주로 쓰는지 살펴보세요.

2 욕은 나의 삶을 망치는 나쁜 습관

어느 초등학교 2학년 학생 중에 욕을 아주 잘하는 아이가 있었습니다. 그 아이는 입만 열었다 하면 욕을 했기 때문에 담임선생님은 마음이 아팠습니다. 수업 시간에 발표를 할 때도 욕을 거침없이 쓰는 모습에 담임선생님은 깜짝 놀라 말했어요,

"그 말은 나쁜 말이에요. 발표를 할 때는 예쁘고 고운 말을 써야 하는 거예요."

그러자 다른 친구가 시큰둥하게 이야기했어요.

"쟤는 늘 저렇게 욕을 달고 살아요."

그러자 다른 친구들도 말했어요.

"맞아요. 하지 말라고 그래도 자꾸 욕을 해요."

담임선생님은 쉬는 시간에 그 아이를 따로 불러 왜 욕을 하면 안 되는지 설명해 주었어요. 하지만 아무리 타일러도 욕하는 습관은 잘 고쳐지지 않았어요.

그러던 어느 날, 부모님과 함께하는 공개수업의 날이 다가왔습니다. 선생님은 그 아이가 혹시라도 공개수업 때 부모님들이 다 있는 자리에서 욕을 할까 봐 불안했습니다.

마침내 공개수업의 날이 오고 부모님들이 수업을 보기 위해 교실 뒤편에 서 있었습니다. 수업이 시작되자 담임선생님이 말했어요.

"자, 오늘은 부모님과 함께 수업을 할 거예요. 그동안 선생님하고 열심히 공부했죠? 부모님도 와 계시니까 여러분이 배운 걸 한껏 뽐내 보세요! 그럼, 지금부터 단어 맞히기 게임을 해 볼 거예요."

담임선생님 말씀에 아이들의 눈이 초롱초롱해졌어요.

"첫 번째 문제입니다. 'ㅂ'으로 시작하는 단어는 무엇이 있을까요?"

아이들이 "저요, 저요" 하며 손을 들었습니다. 욕을 잘하는 아이도 손을 번쩍 들었습니다. 선생님은 그 아이를 시키고 싶지 않았습니다. 욕을 하면 어쩌나 걱정이 되었기 때문이에요. 그래서 다른 아이에게 발표를 시켰어요.

"저기, 김민희 학생 대답해 보세요."

"바나나요."

"맞아요. 잘했어요."

"이번에는 'ㅅ'으로 시작하는 단어는 뭐가 있을까요?"

다시 아이들이 서로 대답하겠다며 손을 들었습니다. 역시 욕을 잘하는 아이도 끼어 있었습니다. 하지만 선생님은 이번에도 시키지 않았습니다.

"맨 앞 줄에 박민호 학생 대답해 보세요."

"사과요."

"네, 아주 잘했어요."

학생들이 망설임 없이 대답을 잘하자 선생님은 신이 나고 자신감이 붙었습니다.

"자, 그럼 마지막으로 하나만 더 할까요? 'ㅎ'으로 시작하는 단어는 뭐가 있을까요?"

"……."

잠시 침묵이 이어졌습니다. 그러자 선생님은 당황했습니다. 바로 그때 욕을 잘하는 그 아이가 손을 번쩍 들었습니다. 순간 선생님은 갈등이 되었습니다.

'시켜야 되나, 말아야 되나?'

선생님은 고민을 하다가 그 아이를 믿어 보기로 했습니다. 부모님도 와 있는데 설마 욕을 할까 싶었습니다.

"좋아요. 'ㅎ'으로 시작하는 단어에는 어떤 것이 있죠?"

"하룻강아지요!"

"하룻강아지가 무슨 뜻인가요?"

"음……."

아이는 잠시 생각하더니 입을 열었습니다.

"××× ××××요!"

아이의 입에서는 차마 듣고 싶지 않은 욕이 튀어나왔습니다. 선생님뿐만 아니라 부모님들과 학생들 모두 얼굴이 빨개지며 당황하고 말았습니다.

욕을 잘하는 친구들을 보면 언제 어디서나 자신도 모르게 욕을 합니다. 어떤 친구는 자신이 하는 말이 욕인지도 모르고 욕을 씁니다. 욕을 섞어서 말하는 것이 습관이 되었기 때문

이죠. 습관은 쉽게 고쳐지지 않아요. 따라서 욕하는 습관을 가지고 있다면 오늘부터 당장 고치도록 노력해야 합니다.

어느 나라에서 있었던 일입니다. 보석이 어느 강가의 자갈들 속에 숨겨져 있다는 소문이 퍼졌습니다. 그 돌멩이의 가치는 다이아몬드만큼이나 값진 것이었습니다. 그러자 많은 사람들이 보석을 찾기 위해 날마다 강가로 몰려들었습니다.

그런데 한 가지 문제가 있었습니다. 그 보석이 다른 돌멩이들과 너무나 흡사하게 생겨서 눈으로 봐서는 보석인지 돌멩이인지 알 수가 없었어요. 보석인지 아닌지를 가려내는 유일한 방법은 손으로 만져 보는 것이었습니다. 보통 돌멩이는 차가웠지만 보석은 따뜻했기 때문입니다.

집에서 빈둥거리며 놀던 한 남자에게도 그 소문이 전해졌습니다. 그 남자 역시 보석을 찾기 위해 무작정 집을 떠나 강가로 왔습니다.

남자는 아침 일찍부터 강가에 나가 보석을 찾기 위해 노력했습니다. 돌멩이를 하나하나 만져 보고는 촉감이 차가우면 멀리 강에 힘껏 던져 버렸습니다. 제자리에 다시 내려놓으면 혹시 다른 것들과 섞일까 봐 염려되었기 때문입니다.

돌멩이가 차가우면 이내 강에 집어 던지기를 하루, 이틀, 사흘 그리고 몇 달이 흘렀습니다.

　그러던 어느 날, 남자는 방금 집은 돌멩이가 따뜻하다는 것을 느꼈습니다.

　"아, 드디어 찾았구나!"

　가슴이 터질 듯 기뻤습니다. 그러나 이런 기쁨도 잠시, 그는 돌멩이 던지듯 보석을 습관적으로 멀리 강에다 던지고 말았습니다.

　"아이고! 내 보석!"

　한동안 거듭했던 똑같은 행동이 어느새 무서운 습관이 돼 버리고 말았던 것입니다. 남자는 오랫동안 몸에 밴 습관으로 인해 힘들게 찾은 보석을 강가에 던져 버리고 말았습니다.

　욕도 마찬가지입니다. 여러분이 평소 욕을 습관처럼 쓴다면 언제, 어떤 상황에서 욕이 튀어나올지 알 수 없습니다.

　욕이 입에 배어 있으면 가장 중요한 순간에 자신도 모르게 욕을 쓰게 되어 난처한 상황에 처할 수도 있답니다. 머피의 법칙처럼 자꾸 일이 꼬이고, 나쁜 상황이 자꾸 반복될지도 몰라요. 그렇게 되면 결국 삶 전체가 엉망이 될 수밖에 없습니다.

그래서 처음부터 좋은 습관을 들이도록 해야 하는 것입니다.

"행동이 바뀌면 습관이 바뀌고, 습관이 바뀌면 성격이 바뀌고, 성격이 바뀌면 운명이 바뀐다"는 말이 있어요. 그래서 흔히 습관은 제2의 천성이라고 하는 것입니다. 자신의 노력에 따라 얼마든지 나쁜 습관을 좋은 습관으로 바꿀 수 있어요. 그렇게만 한다면 여러분의 운명까지도 바꿀 수 있답니다.

여러분, 좋은 습관의 주인이 되도록 노력해 보세요. 좋은 습관의 주인이 된다면 자신이 원하는 대로 미래를 만들 수 있어요.

3 욕에 담긴 끔찍한 뜻

초등학생 둘이 버스를 타고 집으로 돌아가고 있었습니다. 한 아이가 말했습니다.

"재민이 진짜 재수 없지 않냐?"

"×× 완전 싫어!"

두 아이의 대화는 온통 욕으로 시작해서 욕으로 끝났습니다. 버스 안에서 아주 큰 소리로 반 친구 욕을 했습니다. 두 아이 모두 주위 사람들의 시선에는 아랑곳하지 않았습니다.

둘의 대화를 듣고 있던 한 아주머니가 말했습니다.

"얘들아, 예쁜 말도 많은데 왜 이렇게 욕을 하니? 게다가 사람이 이렇게 많은 공공장소에서……. 그리고 친구가 없다고 그렇게 다른 사람 욕을 하면 안 되는 거야."

두 아이는 황당하다는 표정이었습니다. 한 아이가 말했어요.

"아줌마가 무슨 상관이에요?"

다른 아이도 아주머니에게 대들며 말했습니다.

"아줌마가 뭔데 이래라 저래라 하세요? 우리 엄마라도 되요? 진짜 웃기네."

아주머니는 어이가 없었습니다. 그러자 옆에 있던 할아버지도 한마디 했습니다.

"이 녀석들, 정말 버르장머리가 없구나!"

하지만 두 아이는 아랑곳하지 않고 떠들었습니다. 버스 안에 사람들이 모두 눈살을 찌푸렸습니다. 그러다가 두 아이는 버스가 멈추고 문이 열리자 할아버지에게 "메롱" 하며 재빨리 내렸습니다.

한 아저씨가 혀를 끌끌 차며 말했습니다.

"정말 세상이 어떻게 되려는지!"

이렇게 욕설을 아무렇지 않게 내뱉는 학생들을 보면 여러분은 어떤 생각이 드나요? 아무리 공부 잘하고 똑똑하더라도 친해지고 싶지 않죠? 그런데도 왜 대부분의 학생들은 욕설을 쓰는 걸까요? 여러 가지 이유가 있습니다.

먼저, 스트레스를 풀기 위해 욕을 하는 경우가 있습니다. 또 욕을 하면 강하게 보일 것이라는 잘못된 생각에, 힘을 과시하고 싶어서 욕을 하는 경우도 있습니다. 그리고 또래들로부터 '왕따'가 되지 않기 위해 일부러 욕설을 쓰기도 합니다.

그런데 가장 큰 이유 중의 하나는 욕이 나쁜 말인지 모른다는 데에 있습니다. 자기가 하는 욕이 얼마나 나쁜 뜻인지 전혀 모르기 때문에 죄책감 없이 습관적으로 욕을 하는 거죠. 그러나 욕이 얼마나 무섭고 끔찍한 뜻인지 알면 함부로 욕을 내뱉을 수 없을 것입니다.

우선, 동물에 빗대어 하는 욕이 있습니다. 개나 돼지 같은 동물을 들먹거리는 욕이 있는데, 사람을 동물에 빗대는 것은 인간의 존엄성을 무시하는 아주 못된 생각입니다. 사람을 동물과 같이 취급하는 생

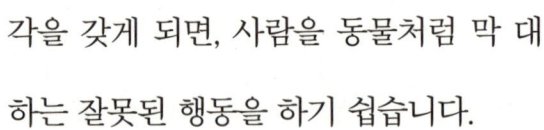

각을 갖게 되면, 사람을 동물처럼 막 대하는 잘못된 행동을 하기 쉽습니다.

사람의 존엄성을 무시하면 히틀러처럼 아무 거리낌 없이 많은 사람을 죽이는 끔찍한 행동도 서슴없이 할 수 있게 되는 거죠.

여러분은 모두 부모님이 세상에서 가장 아끼고 사랑하는 자식들입니다. 그런데 욕은 그런 소중한 여러분을 아주 하찮고 보잘것없는 존재로 만들기 때문에 절대 해서는 안 됩니다.

게다가 여러분을 동물에 빗대게 되면, 여러분의 부모님도 동물 취급을 받는 셈입니다. 여러분을 사랑으로 낳아 주시고 길러 주신 부모님을 개나 돼지로 몰아서는 절대로 안 되겠죠?

또한 많은 욕들이 성적인 표현과 관련되어 있습니다. 성은 아름답고 소중한 것입니다. 사람은 누구나 어른이 되면 이성 친구를 만나 사랑하게 됩니다. 그때 가슴이 설렌다는 것이 어떤 느낌인지, 누군가를 사랑하는 마음이 어떤 것인지 깨닫게 됩니다. 그리고 자연스레 사랑하는 사람과 결혼도 하게 됩니다.

이 글을 읽고 있는 여러분 가운데 어머니의 뱃속에서 태어나지 않은 사람은 단 한 사람도 없어요. 아버지와 어머니의 사랑의 결실로 여러분이 태어난 것입니다. 어머니의 뱃속에 있을 때 열 달 동안 여러분은 아버지와 어머니의 보살핌과 사랑을 받았습니다. 그리고 많은 사람들의 축복 속에서 세상에 태어났습니다.

이렇게 성은 신성하고 소중한 것이랍니다. 그런데 아무렇지 않게 성적 표현이 담긴 욕설을 한다는 것은 자신을 낳아 주신 어머니에게 상처를 주는 것과 같아요.

한번은 가운데 손가락을 치켜세우고 친구에게 영어로 욕하는 아이를 보고 물어본 적이 있습니다. 지금 하는 욕과 행동이 무슨 뜻인지 아냐고 말입니다. 아이는 모른다고 대답했습니다. 그래서 차근히 설명해 주었더니 얼굴이 빨개지면서 그런 뜻인지는 정말 몰랐다고 부끄러워했습니다.

지금부터 자신이 쓰는 욕들의 기원과 의미에 대해 생각해 보세요.

'내가 방금 쓴 욕은 어떤 뜻을 담고 있을까?'

하지만 욕이 어떤 뜻인지 여러분 스스로 알기 쉽지 않을 겁니다. 친구들도 잘 모를 거예요. 따라서 부모님이나 선생님에게 상담을 요청하세요. 친구에게 들은 욕이나 내가 습관적으로 하고 있는 욕이 무슨 뜻인지 진지하게 물어보세요. 여러분을 사랑하고 아끼는 부모님과 선생님이 왜 욕을 하면 안 되는지, 그 욕엔 어떤 뜻이 있는지 알아듣기 쉽게 잘 설명해 주실 거예요.

욕에 담겨 있는 의미와 기원을 알게 되면 결코 욕을 쓰지 않게 된답니다. '아, 이렇게 나쁘고 끔찍한 뜻이었구나' 하고 깨닫게 되면 부끄럽고 죄책감이 들어 저절로 욕을 하지 않게 될 거예요.

4 욕은 나를 천한 사람으로 만든다

초등학교 앞 문방구에서 몇몇 초등학생들이 대화를 하고 있었습니다. 학생들은 매우 영리하게 생겼습니다. 그런데 대화 내용의 절반 가까이가 욕설이었습니다.

"나 오늘 ×× 짜증 나. 선생님한테 숙제 안 해 왔다고 ×× 혼났어. 담임 완전 싫어."

"×× 나도. 정말 학교 가기 싫어!"

이렇게 비속어와 욕을 즐겨 쓰는 모습이 다른 사람들에겐 어떻게 보일까요?

'외모만 귀티 나면 뭐해? 말버릇이 천박한데.'

'집에서 부모님이 어떻게 교육을 했길래, 쯧쯧.'

'나중에 커서 뭐가 되려고!'

사회생활을 하다 보면 외모는 준수한데 말하는 습관 때문에 상사나 동료들에게 인정받지 못하는 사람들이 있어요. 이렇게 말버릇에 따라 사람들에게 사랑받기도, 외면받기도 합니다. 제아무리 똑똑하고 잘났어도 입만 열었다 하면 욕을 쓰는 사람을 좋아할 사람은 아무도 없죠.

이와 반대로 실력은 좀 부족해도 고운 말, 친절한 말을 하는 사람은 어떨까요? 상사와 동료들에게 좋은 인상을 주어 앞으로 발전 가능성이 있는 사람으로 인정받게 됩니다. 이처럼 자신이 쓰는 말의 색깔에 따라 사람들에게 평가받게 된답니다.

여러분은 세상에서 가장 소중한 존재입니다. 부모님에게는 눈에 넣어도 아프지 않을 만큼 귀한 자식입니다. 그러나 여러분을 잘 모르는 사람들은 그렇게 생각하지 않아요. 여러분이 어떤 사람인지 알지 못하기 때문입니다.

그래서 여러분의 모습과 태도, 행동을 보고 판단하게 됩니다. 따라서 여러분이 거친 말과 욕을 자주 쓰게 되면 다른 사람들은 어떻게 판단할까요? 아마도 여러분을 가정교육도 제대로 받지 못한 사람으로 생각할 거예요.

여러분의 꿈은 무엇인가요? 그 꿈을 이루기 위해서는 늘 할 수 있다는 긍정적인 마음과 말이 필요해요. 욕은 멋

진 미래를 만들지 못하게 하는 훼방꾼과 같아요.

자, 오늘부터 누군가와 말을 하기 전 꼭 다음 질문을 한 다음에 말을 해 보세요.

'지금 내가 하려는 말은 나를 소중하게 만드는 말일까, 천박하게 만드는 말일까?'

말을 할 때는 사람들이 자신을 소중하고 귀하게 여기게 해 주는 말을 하도록 노력해야 합니다. 고운 말을 쓴다는 것은 나를 아끼고 사랑한다는 뜻과 같아요. 차기 자신을 사랑하는 사람에게 그 누구도 함부로 대하지 못한답니다.

주위에 보면 친구들이 싫어하는 친구들이 있습니다. 이런 친구들에게는 두 가지 공통점이 있답니다.

첫 번째는 거친 말과 욕을 달고 사는 친구이고, 두 번째는 자기 자신을 소중하게 생각하지 않고 함부로 생각하는 사람이에요.

거친 말이나 욕을 일삼는 친구들을 떠올려 보세요. 이 친구들 가운데 선생님에게 따뜻한 관심과 사랑을 받는 친구가 몇이나 있나요? 선생님도 감정을 지닌 인간이기에 거친 말과 욕을 일삼는 학생을 별로 좋아하지 않는답니다.

무엇보다 거친 말과 욕을 일삼는 사람은 자기 자신을 사랑하지 않는 사람이라고 할 수 있습니다. 이런 사람치고 타인들에게서 사랑받는 사람은 거의 없답니다.

왜 그럴까요? 자신을 함부로 여기는 사람은 다른 사람 역시 함부로 대하는 것을 당연시하기 때문입니다.

주위 사람들에게서 관심과 사랑받고 싶다면 가장 먼저 자신을 아끼고 사랑해야 합니다. 내가 나를 아끼고 사랑하는 만큼 다른 사람들 역시 나를 아껴 주고 사랑해 주기 마련이니까요.

5 욕은 정신과 육체의 건강을 해쳐요

버스가 갑자기 급정거하자 초등학생 두 명이 티격태격했습니다. 그런데 대화 속에 듣기 거북한 욕설이 담겨 있어 주위 사람들의 눈살을 찌푸리게 했답니다.

"××, 갑자기 밀면 어떡해? 졸라 아프네."

"갑자기 버스가 멈춰서 그래. 운전 더럽게 못하네."

길거리나 공공장소에서 아무거리낌 없이 욕을 남발하는 학생들을 심심찮게 볼 수 있습니다. 그런데 더욱 더 큰 문제는 대부분의 10대,

20대 학생들이 '졸라'라는 욕을 쓰면서도 이게 욕이라고 생각하지 않습니다. '감탄사'나 '부사' 정도로 여기고 아주 쉽고 자연스럽게 쓰고 있습니다.

최근 여성가족부가 국무회의에서 보고한 조사에 따르면 조사 대상 청소년의 73퍼센트가 날마다 한 번 이상 욕을 하고 있다고 합니다. 초등학생의 욕설 사용은 더 충격적입니다. 초등학생의 욕설 사용은 65.5퍼센트로 중학생(77.5퍼센트), 고등학생(77.7퍼센트)과 비교해도 큰 차이가 없었어요. 조사 결과, 초등학생들의 욕설 사용이 생각보다 심각하다는 것을 알 수 있습니다.

욕을 쓰게 되면 가장 먼저 본인에게 가장 큰

피해가 돌아갑니다. 정신과 육체의 건강을 해치기 때문입니다.

물과 파동의학 분야에서 독창적인 연구를 해 온 에모토 마사루라는 일본 사람이 있습니다. 그는 마음과 언어가 몸과 물질세계에 어느 정도 영향을 미치는가에 대해 실험을 했답니다.

두 개의 유리병에 물을 넣고 한쪽에는 '짜증 나, 죽여 버릴 거야'와 같은 글자를, 다른 한쪽에는 '고맙습니다', '사랑합니다'와 같은 글자를 적은 쪽지를 붙여 놓았습니다. 그다음에 영하 20도 이하의 냉동실에 넣고 세 시간 정도 얼렸습니다. 그러고 나서 결정구조를 고성능 현미경을 통해 촬영했습니다.

재미있는 실험 결과가 나타났습니다. 신기하게도 '고맙습니다', '사랑합니다'와 같은 글자가 적힌 쪽지를 붙인 유리병의 얼음에서는 깨끗한 형태의 결정구조가 나타났습니다.

반면에 '짜증 나, 죽여 버릴 거야'와 같은 글자가 적혀 있는 유리병은 얼음의 결정구조는 여기저기 깨져서 보기 흉하게 일그러져 있었습니다. '고맙습니다', '사랑합니다'를 다른 나라 말로 적었을 때도 역시 결과는 같았습니다.

이 실험을 통해 한 가지 과학적인 사실을 알 수 있습니다. 사람의 생각과 감정, 언어에는 눈에 보이지 않는 진동 혹은 주파수가 나온다는 것입니다.

사랑과 긍정의 말, 미움과 부정의 말에 대한 또 다른 흥미로운 실험 결과가 있습니다.

양파 두 개를 각기 다른 유리병에 담아 놓았습니다. 한쪽 유리병에는 '사랑한다', '자랑스럽다', '너는 우리 희망이다', '쑥쑥 자라다오'라는 글씨를 써서 붙였고, 다른 한쪽 유리병에는 '바보 멍청이', '썩어

버려', '넌 미워, 보기 싫어'와 같은 욕설을 써서 붙였습니다.

그리고 하루에도 몇 번씩 쪽지에 적혀 있는 말을 각각의 양파에게 들려주었습니다. 2주 후 재미있는 결과가 나타났습니다. 두 양파의 성장이 확연하게 차이가 난 것입니다. 긍정적인 말을 들려준 양파는 뿌리도 더 많이 내리고 싹도 부쩍 크게 자란 데 반해 부정적인 말을 들려준 양파는 시들시들하다 썩고 말았습니다.

살아 있는 생물체에만 해당되는 걸까요? 미국의 어느 심리학자는 무작위로 선택한 접시를 둘로 나누어 한쪽은 "깨져라, 깨져라" 하고 외치고, 다른 한쪽은 사랑과 관심의 말을 해 주었습니다.

그리고 접시들을 아래로 떨어트렸습니다. 그 결과 "깨져라" 하고 외친 접시는 힘없이 깨지고 그렇지 않은 접시는 멀쩡했습니다. 참고로, 이 실험은 다칠 수도 있으니 여러분은 절대 따라하지 마세요.

이처럼 말은 양파의 성장을 촉진시키기도 하고 썩게 만들기도 합니다. 심지어 무생물체인 접시마저 약하게 만들어 산산조각나게 만듭니다. 말 속에는 보이지 않는 힘이 깃들어 있는 것입니다.

우리도 마찬가지랍니다. 자신의 생각과 감정, 습관적으로 쓰는 언어가 정신과 육체에 결정적 영향을 미칩니다. 왜 그럴까요? 우리 몸은 70퍼센트 이상이 물로 구성되어 있기 때문이에요.

따라서 건강한 정신과 육체를 위해선 기분을 나쁘게 만드는 욕설보다는 '사랑'과 '감사'가 담긴 말을 자주 해야 합니다. 나쁜 말을 계속하다 보면 물의 결정처럼, 양파처럼 못생겨지고 미워져요. 늘 예쁜 말을 해야 정신과 육체의 건강을 유지할 수 있답니다.

여러분, 가장 위대한 언어는 '사랑과 감사'입니다. 곱고 예쁜 말을 하는 습관을 가져 보세요. 처음에는 어렵겠지만 될 때까지 의식적으로 노력하면 곧 습관이 된답니다.

지금 하는 여러분의 말버릇이 자신의 건강을 해칠 수도, 이롭게 할 수도 있다는 것 꼭 기억하세요.

6 악성댓글은 보이지 않는 폭력이에요

　몇 년 전 3개월 만에 몸무게 40킬로그램을 줄인 한 여고생이 TV 프로그램에 출연했습니다. 그리고 그 여고생은 아이돌 스타와 찍은 사진을 자신의 미니 홈피에 올렸습니다. 자신의 노력으로 다이어트에 성공한 여고생은 하루하루가 행복했습니다.

　그런데 며칠 후 충격적인 일이 일어났습니다. 아이돌 스타와 함께 찍은 사진을 본 네티즌들 중 일부가 소녀의 미니 홈피에 험담과 욕설이 담긴 악성댓글을 단 것입니다.

'너 같은 딸을 낳고 미역국을 먹은 네 엄마가 창피하다.'

'다이어트로 살 뺀 것 다 거짓말이지?'

자신이 힘겨운 노력으로 다이어트에 성공했는데도 네티즌들로부터 험담과 비난, 욕설이 쏟아지자 여고생은 매일이 지옥과 같았습니다. 한창 예민한 시기여서 악성댓글은 이루 말할 수 없는 상처가 되었습니다.

여고생은 자신에게 상처를 주는 세상과 네티즌들이 원망스러웠습니다. 결국 여고생은 유서를 써 놓고 세상을 떠나고 말았습니다.

하루아침에 사랑하는 딸을 잃은 부모에게는 그야말로 날벼락이었습니다. 웃음도 대화도 잃었습니다. 여고생이 떠난 가족 사이에는 더 이상 웃음꽃이 피지 않았습니다.

어머니는 아직도 딸의 죽음이 믿기지 않는지 딸의 방에 있는 물건을 하나도 치우지 않고 생전 그대로 두고 있습니다.

갈수록 인터넷 악성댓글, 일명 악플이 심각해지고 있습니다. 입으로 하는 나쁜 말만 욕이 아닙니다. 악성댓글처럼 글로 쓰는 나쁜 말도 욕입니다.

악플로 고민하던 한 초등학생이 이런 메일을 보내 왔습니다.

"전 돈을 훔치지 않았는데, 자꾸 애들이 인터넷에다 제가 그랬다고 악플을 달아요. 그런 악플을 볼 때마다 마구 화가 나고 미칠 것 같아요. 악성댓글은 보이지 않는 폭력이에요. 스트레스를 풀거나 호기심 때문에 악성댓글을 쓰는 친구들이 많은데 댓글을 읽는 사람의 마음도 먼저 생각해 보았으면 좋겠어요."

이렇게 악플을 받는 친구들은 마음에 큰 상처를 받고 있어요. 하지만 정작 악플을 다는 사람들은 상대방 기분이 어떨지 전혀 생각하지 않아요.

그렇다면 왜 이러한 악

플을 다는 걸까요?

한 교육전문기업은 초등학생 745명을 대상으로 인터넷 '악성댓글'에 대해 설문 조사를 실시했습니다. 조사 결과, 스트레스 해소를 위해 악성댓글을 쓴다고 응답한 비율이 34퍼센트나 되는 것으로 나타났습니다. 쉽게 말해 초등학생 열 명 중 세 명이 단순히 스트레스를 해소하기 위해 '악성댓글'을 달고 있다는 말이에요.

또 악성댓글이 크게 문제될 것이 없다고 생각하기 때문에(28퍼센트), 악성댓글을 쓰는 자신을 남이 알지 못하기 때문에(27퍼센트), 악성댓글을 쓰는 것이 재미있어서(11퍼센트)라는 이유도 있었어요.

그렇다면 악성댓글로 피해를 입는 당사자는 어떤 기분일까요? 한 기관이 초등학생 100명을 대상으로 악성댓글을 보고 어떤 느낌이 드는지에 대해 조사했습니다.

그 결과 62퍼센트가 넘는 아이들이 악성댓글을 접한 후 절망적이고, 무섭고, 화가 나며 당황스러웠다고 답했습니다. 여덟 명 정도는 나도 똑같이 갚아 주겠다는 극단적인 생각까지 하고 있는 것으로 드러났습니다.

다음은 지호의 이야기입니다. 지호는 방에 들어간 지 몇 시간이 지나도 나오지 않았습니다. 어머니는 지호에게 심부름을 부탁하기 위해 불렀습니다.

"지호야! 좀 나와 볼래?"

"……."

어머니가 거듭 불렀지만 지호에게서 아무런 대꾸가 없었습니다.

"이 녀석, 또 게임하는 거 아니야?"

어머니는 지호가 인터넷 게임을 하고 있다면 따끔하게 야단을 쳐야겠다는 생각으로 지호의 방으로 들어갔습니다. 지호는 무언가에 열중하고 있던 터라 어머니가 방문을 열고 들어가도 알지 못했습니다.

지호는 열심히 컴퓨터 자판을 두드리고 있었습니다.

"지호, 뭐하니? 엄마가 몇 번을 불렀는데."

엄마가 바짝 다가가자 지호는 당황했습니다.

"지금 뭐하고 있니?"

"아, 아무것도 아니야."

컴퓨터 모니터에는 연예인에 대한 기사가 띄워져 있었습니다.

"하라는 공부는 안 하고 또 쓸데없는 연예인 기사 보고 있니?"

"……."

그런데 자세히 보니 지호가 적고 있던 댓글이 보였습니다. 어머니는 지호가 어떤 생각을 댓글로 적었을까 궁금해서 읽어 보았습니다.

그런데 잠시 후 지호가 쓴 댓글을 읽던 어머니는 심한 충격에 휩싸였습니다. 지호가 적은 댓글에 연예인에 대한 욕설과 험담이 담겨 있었기 때문입니다.

"아니, 지호 너! 이런 나쁜 글을 쓰고 있었다니! 왜 이런 글을 쓰고 있는 거니?"

"다른 애들도 그러는데 뭐."

어머니는 별일 아니라는 듯 대수롭지 않게 대답하는 지호를 보며 크게 놀랐습니다.

그날 저녁 지호는 엄마에게 따끔하게 혼이 났습니다.

몇 해 전, 톱 탤런트와 가수가 잇달아 자살한 사건이 있었습니다. 그들을 죽음으로 내몬 가장 큰 원인이 무엇인지 아나요? 바로 네티즌들의 악성댓글입니다. 그들은 네티즌들의 악성댓글로 인해 우울증에

시달린 끝에 결국 스스로 목숨을 끊는 선택을 한 것입니다.

악성댓글은 사람을 죽일 수도 있는 무섭고 끔찍한 행동입니다. 순간적인 감정에 이끌려 악성댓글을 다는 나쁜 사람이 되어선 안 됩니다.

입으로는 욕을 안 하는 친구들 중에는 이렇게 악성댓글로 욕을 하는 친구가 있습니다. 욕은 입으로 하든, 글로 쓰든 모두가 나쁜 말입니다. 남이 안 본다고 해서 악성댓글로 남을 욕해서는 절대로 안 됩니다.

내가 심심풀이로, 스트레스 풀기 위해 올린 악성댓글이 누군가에게는 지옥과 같은 고통, 보이지 않는 폭력이 된다는 것을 잊어서는 안 됩니다.

7 지금 쓰는 말이 미래를 좌우한다

스타 데일리는 영국에서 흉악무도한 살인자이자 무장 강도로 악명이 높았습니다. 하지만 어린 시절 그는 부끄러움 많은 내성적인 소년이었습니다. 그랬던 그가 어떻게 많은 사람들이 두려워하는 범죄인이 되었을까요? 그 원인을 어린 시절의 말버릇에서 찾아볼 수 있습니다.

담임선생님은 수업 시간에 자주 데일리를 불러내 아이들 앞에서 책을 읽게 했습니다. 어느 날 데일리는 책을 읽다가 발음이 꼬여 더

듬거리고 말았습니다. 그 순간 교실 안에 있던 학생들은 데일리를 보며 크게 비웃었습니다. 심지어 선생님까지도 아이들과 함께 웃음을 터트렸습니다.

어린 데일리는 상처를 받았습니다. 그리고 그동안 꾹꾹 참았던 화가 폭발하고 말았습니다. 데일리는 들고 있던 책을 벽에 내던진 후 큰 소리로 이렇게 말했습니다.

"언젠가는 너희들이 나를 두려워하게 될 날이 올 거야. 그리고 나를 극도로 증오하게 될 거야. 나를 보고 이렇게 비웃는 게 지금이 마

지막이 될걸."

상처를 받은 스타 데일리는 이 말을 하고 교실 밖으로 나가 버렸습니다. 그 후로 그는 습관적으로 거친 말과 욕설을 내뱉었습니다. 그러다 보니 자연히 행동도 거칠어져 갔습니다.

어린 시절에 했던 그의 말은 훗날 현실이 되었습니다. 흉악무도한 살인자가 되었던 것입니다. 어릴 적 그를 비웃고 조롱하던 학생들은 그가 나타나지 않을까 하루하루를 두려움 속에서 살아야 했습니다.

성공하기 위해선 어떠한 성공 요소들이 필요할까요?

'꿈과 목표', '계획과 실천', '노력과 인내', '도전과 열정', '배움과 겸손' 등이 필요합니다. 그리고 여기에 한 가지 성공 재료가 더 있어야 해요. 바로 긍정적이고 고운 '말버릇'입니다.

성공한 이들은 지금 쓰는 말버릇이 미래를 좌우한다는 것을 잘 알고 있습니다. 그래서 일이 잘 풀리지 않거나 어떤 어려움에 처해도 절대 거친 말이나 부정적인 말을 쓰지 않습니다. 힘들수록 더욱 더 자신에게 힘이 되고 사람들에게 사랑받는 고운 말을 씁니다.

미국의 성공학자 나폴레온 힐. 그는 열두 살이 되기 전에 어머니를 여의고 친척들의 도움을 받아 자랐을 만큼 힘겨운 어린 시절을 보냈습니다. 어른이 되어 기자 생활을 했지만 형편은 좀처럼 나아지지 않았습니다.

그러던 어느 날 그는 철강왕 앤드류 카네기를 인터뷰하게 되었습니다. 그때 카네기는 힐에게 자신의 성공 철학에 대해 자세하게 들려주며 한 가지 제안을 했습니다. 그것은 보통 사람들도 반드시 성공할 수 있는 성공 법칙을 찾아서 책으로 집필해 달라는 것이었습니다.

그동안 많은 사람들에게 이 제안을 했지만 성공하지 못했던 카네기는 힐에게 이렇게 물었습니다.

"인생의 패배자로서 생애를 마칠지도 모르는 수많은 사람들을 위해 성공 철학을 20년 이상 계속 연구할 각오가 있는가?"

"반드시 해내겠습니다."

힐은 자신 있게 대답했습니다. 그리하여 힐은 앤드류 카네기, 토머스 에디슨, 찰스슈왑, 마샬 필드, 윌리엄 듀런트, 월터 크라이슬러 등 미국에서 성공한 사회 저명인사 500명을 인터뷰하면서 그들의 성공 철학이 무엇인지를 연구했습니다.

성공한 사람들의 성공 철학을 연구하는 데 예상치 못한 어려움들도 많았습니다. 가장 큰 어려움이 경제적인 어려움이었습니다. 아내와 가족들은 그가 아무런 보수도 없이 쓸데없는 일을 한다며 당장 그만두라고 강요하기도 했습니다. 하지만 그는 포기하고 싶어질 때마다 다음과 같은 긍정적인 문구를 읽으며 용기를 얻었습니다.

'나는 매일 조금씩 성공하고 있다.'

힐은 이 문구를 중얼거릴 때마다 자신도 모르게 날마다 성공하고 있다는 확신이 생겼습니다. 그리고 앤드류 카네기와의 약속을 지키기 위해 최선을 다했습니다.

그가 성공 법칙을 연구한 지 20년이 흐른 어느 날, 마침내 성공 법칙을 책으로 집필하는 데 성공했습니다. 이렇게 해서 탄생한 책이 바로 ≪놓치고 싶지 않은 나의 꿈 나의 인생≫입니다. 이 책은 출간되자마자 베스트셀러가 되었습니다. 나폴레온 힐은 이 책으로 부와 명예를 얻을 수 있었습니다.

훗날 나폴레온 힐은 자신의 성공 비결은 긍정적인 말버릇에 있다고 고백했습니다. 그는 사람들이 성공 비결을 물을 때마다 '나는 매일 조금씩 성공하고 있다'는 문구를 눈에 잘 띄는 곳에 붙여 두고 자주 습관처럼 중얼거려야 한다고 조언했습니다.

긍정적인 생각과 말로 성공한 또 한 사람이 있습니다. 바로 '창조와 혁신의 대명사' 스티브 잡스입니다. 잡스는 스무 살에 세계 최초의 개인용 컴퓨터를 개발해 스물다섯 살에 백만장자가 되었습니다. 그러나 자기중심적이고 독단적인 성격으로 인해 30대의 나이에 자신이 설립한 회사에서 쫓겨났습니다.

처음에 잡스는 절망에 빠졌지만 언제까지나 좌절하지 않았습니다. 잡스는 자신의 상황을 긍정적으로 보기 시작했습니다. 그러자 자신이 일을 얼마나 사랑하는지 깨달을 수 있었습니다.

"비록 애플에서 해고당했지만 아직도 나는 내 일을 사랑하고 있어. 그래, 다시 시작하는 거야."

스티브 잡스는 좌절할 때마다 긍정의 말로 용기를 얻었습니다. 그리고 영화사를 만들어 마침내 〈토이스토리〉, 〈몬스터 주식회사〉,

〈니모를 찾아서〉와 같은 만화영화를 흥행에 성공시켰습니다. 뿐만 아니라 나중에는 쫓겨난 애플에 다시 들어가 아이폰을 개발해내면서, 그야말로 전 세계인들로부터 존경받는 기업인이 되었습니다.

　성공하는 인생을 살고자 한다면 가장 먼저 예쁘고 사랑이 담긴 성공의 언어를 써야 합니다. 이런 긍정적인 언어들이 성공의 기회들을 끌어당기기 때문이지요. 자신이 쓰는 말버릇에 따라 자신을 소중한

사람으로 만들기도, 천박한 사람으로 만들기도 합니다.

저마다 여러분의 가슴속에는 꿈이 담겨 있습니다. 지금 어떤 말버릇을 가지느냐에 따라 꿈을 이룬 주인공이 될 수도, 엑스트라가 될 수도 있다는 것을 명심하세요.

"욕, 이렇게 고쳐요"

PART 2

욕할 때 기분이 좋아요

"준호야, 우리 PC방 가서 게임하다 갈까?"

"좋아, 오늘 피아노 학원 수업 없는 날이거든."

초등학교 3학년인 동민이는 영어 학원을 마치고 친구 준호와 함께 PC방에 갔습니다. PC방에는 담배 연기가 자욱했고 온갖 게임 소리로 마치 시골 장터에 와 있는 것 같았습니다. 군데군데에 초등학생들의 모습이 보였습니다.

동민이는 PC방 이곳저곳을 둘러보다가 구석진 자리에 앉았습니다.

옆자리에는 한 아저씨가 인터넷을 하고 있었습니다.

"우리 여기서 하자."

"그래."

동민이와 준호는 게임을 시작했습니다. 두 친구가 하는 게임은 총으로 상대방을 쏴 죽이거나, 칼로 찌르고 베는 잔인한 전투 게임이었어요.

그런데 얼마 후, 두 친구는 게임이 잘 안 풀리는지 소리를 지르기 시작했어요.

"어? 뭐야! 아, ××! 이기고 있었는데!"

"다 찔러 죽여 버려!"

"××! 야! 제대로 해야지!"

옆에서 인터넷을 하고 있던 아저씨는 거침없이 욕설에 내뱉는 동민이와 준호를 보며 잔뜩 찡그렸습니다.

동민이와 준호는 아저씨의 시선에도 아랑곳하지 않고 게임이 몰두했습니다. 두 친구는 게임 속에서 사람들을 아무 이유 없이 죽이고 있었습니다.

시간이 지나도 두 아이는 욕설을 멈출 줄 몰랐습니다. 도저히 참다 못한 아저씨가 두 아이에게 말했습니다.

"얘들아, 듣기 거북한데 욕 안 하고 그냥 게임만 하면 안 되겠니?"

동민이와 준호는 바쁜데 말 걸어서 짜증난다는 표정이었습니다.

준호가 말했습니다.

"욕하는 순간 기분 좋잖아요. 스트레스도 확 날아가고요."

아저씨는 준호의 말에 어이가 없었습니다.

"그리고 너희가 하고 있는 이 게임은 너희들이 하기에 너무 폭력적이지 않니?"

그러자 이번에는 동민이가 대답했습니다.

"아저씨, 이 게임 얼마나 재밌는데요! 자꾸 말 걸지 마세요. 지금 바빠요."

아저씨는 고개를 절레절레 흔들며 아이들이 말을 듣지 않을 것 같아 더 이상 말을 하지 않았습니다. 그 후로도 동민이와 준호는 기관총처럼 내뱉는 욕들을 멈추지 않았습니다.

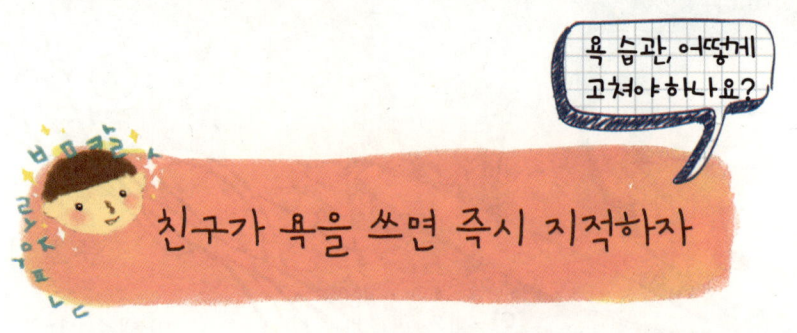

친구가 욕을 쓰면 즉시 지적하자

욕쟁이 아이들은 자신이 쓰는 욕 때문에 주변 사람들이 괴로워한다는 것을 알지 못합니다. 왜냐하면 욕하는 순간 기분이 좋고 스트레스가 풀린다는 것에 초점이 맞춰져 있기 때문입니다. 그 결과 영문도 모른 채 친구들과 멀어지거나 미움을 받게 됩니다.

욕을 잘 쓰는 사람과 가까이 있으면 괜스레 짜증이 나고 화가 납니다. 왜 그럴까요?

그 이유를 과학적으로 설명할 수 있답니다.

어느 대학에서 다른 사람에게 욕설을 들었을 때 어떤 반응을 보이는지에 대해 실험을 진행했어요. 그 결과 모두 같은 결과가 나왔어요. 음악을 들었을 때는 부교감신경계가, 욕설을 들었을 때는 교감신경계가 활성화되었습니다.

부교감신경계가 활성화되었다는 것은 몸이 편안한 상태라는 것을 의미합니다. 반면에 교감신경계가 활성화되었다는 것은 몸의 근육이

긴장했다는 것을 뜻해요. 따라서 누군가에게서 욕설을 들으면 기분이 나빠지는 것에 대해 과학적인 설명이 가능합니다. 욕설을 듣는 사람은 그 욕설이 자신을 향한 것이 아니더라도 충분히 기분이 나쁘고 짜증이 난답니다.

여러분 중에도 욕할 때 순간 기분이 좋다고 여기는 친구가 있나요? 그러나 여러분이 쓰는 욕을 듣는 주변 사람들의 기분은 어떨까요? 짜증이 나고 화가 나서 견딜 수 없을지도 모릅니다. 여러분과 거리를 두어야겠다고 다짐하는 사람도 있을 것입니다.

진정한 친구라면 그 친구가 잘되도록 이끌어 주어야 해요. 따라서 친한 친구가 욕을 쓴다면 그 자리에서 즉시 욕을 하지 않도록 고쳐 주세요.

"그런 욕 쓰지 마. 그 말을 들으면 상대방이 얼마나 기분이 나쁘겠니?"

"난 네가 욕을 안 썼으면 좋겠어."

"욕 대신 고운 말 쓰면 안 되겠니?"

아무리 욕쟁이 친구라고 하더라도 친한 친구에게서 여러 번 지적을 받으면 부끄러워지게 마련입니다. 그러면 그 친구는 '아, 욕을 쓰면 안 되지' 하고 조심하게 됩니다. 그렇게 서서히 욕을 쓰지 않게 된답니다.

선생님께 혼도 나고, 친구들에게 충고를 들어도 욕을 못 고치는 친구들이 있을 거예요. 아무리 혼이 나도 욕을 해야 스트레스가 풀린다는 친구들은 어떻게 해야 할까요? 친구들과 함께 좋아하는 운동을 하는 거예요. 축구, 농구, 야구 등 친구들과 편을 나눠 신나게 운동을 하면 그동안 나를 화나게 하고 짜증나게 했던 일들은 금방 잊어버리게 될 거예요. 운동이 싫다면 평상시 배우고 싶었던 악기를 배우면서 에너지를 악기에 쏟아 보세요.

또 자기가 가지고 있는 취미생활을 하며 스트레스를 날릴 수 있답니다. 취미생활이 없다면 자기가 좋아하는 일이 무엇인지 곰곰이 생각해 보세요.

소중한 사람들에게 미움 받는 지름길은 욕쟁이가 되는 거예요. 따라서 소중한 사람들에게 사랑받고 싶다면 욕을 고운 말로 순화시켜야 합니다. 고운 말을 하는 순간 타인들뿐 아니라 나부터 기분이 좋아진답니다.

거울 요법 활용하기

평소 욕하는 습관이 몸에 밴 친구는 자신이 생각했던 일이 뜻대로 되지 않을 때 자신도 모르게 욕을 쓰게 됩니다. 이때 거울 요법을 활용해 보면 큰 도움이 된답니다.

다음의 순서에 따라 해 보세요.
- 거울 앞에 서서 욕을 쓰는 자신의 얼굴 표정 바라보기
- 자신이 즐겨 쓰는 욕을 했을 때 입술 모양 살펴보기
- 고운 말을 쓰는 얼굴 표정과 입술 모양이 욕을 할 때와는 어떤 차이가 있는지 살펴보기

이처럼 거울 요법을 활용하면 욕을 쓸 때 자신의 예쁜 얼굴이 얼마나 미워 보이는지 알게 된답니다.

욕을 못하면 왕따 당해요

초등학교 5학년인 나영이는 공부도 잘하고 인사성도 밝았습니다. 맞벌이를 하는 부모님은 직장에서 아무리 힘든 일이 있어도 나영이를 보면 금세 힘들었던 일도 잊곤 했습니다.

부모님은 나영이에게 자주 이런 말을 해 주었어요.

"엄마, 아빠가 우리 딸 때문에 산다."

"눈에 넣어도 아프지 않을 내 딸."

"나영아, 아빠는 나영이가 지금처럼 반듯하게 잘 자랐으면 소원이

없겠구나."

그런데 나영이는 새 학기 들어 평소 다니던 모든 학원을 그만두게 되었습니다. 평소 활동적이던 나영이는 시무룩해하면서 매사에 의욕이 없어졌습니다. 대체 나영이에게 무슨 일이 일어난 걸까요?

어느 주말 나영이와 친한 친구가 집에 놀러왔습니다. 그때 어머니는 우연히 나영이 방에서 나영이와 친구가 욕하는 소리를 들을 수 있었습니다. 하지만 그때는 워낙 두 아이의 목소리가 개미처럼 작게 들렸기 때문에 어머니는 '우리 나영이가 그럴 리 없어. 내가 잘못 들었을 거야' 하고 넘어 갔습니다.

그런데 며칠 후 어머니는 나영이의 방을 치우다 책상에 놓여 있는 나영이의 휴대폰을 보게 되었습니다.

'우리 나영이는 친구들과 주로 어떤 문자를 주고받을까?'

어머니는 평소 나영이가 친구들과 어떤 내용의 문자를 주고받는지 궁금해졌습니다. 그런데 나영이의 휴대폰 문자를 열어 본 어머니는 화들짝 놀라고 말았습니다. 나영이의 휴대폰에서 같은 반 친구와 주고받은 욕설이 섞여 있는 문자 메시지를 발견했기 때문입니다.

평소 착한 딸이라고 여겼던 나영이의 휴대전화에서 욕설이 담겨 있는 문자를 발견한 어머니는 하늘이 무너지는 듯했습니다.

어머니는 화를 누르고 차분하게 나영이에게 왜 욕을 섞어서 쓰는지 물었습니다. 그러자 나영이는 기어들어가는 목소리로 이렇게 대답했습니다.

"그 정도 욕은 웬만한 친구들도 다 써요. 욕을 안 하면 왕따를 당해서 안 쓸 수가 없어요."

부모님은 고민 끝에 욕을 잘하는 친구들과 조금이라도 떼어 놓기 위해 다니던 학원을 모두 그만두게 했습니다. 그리고 나영이는 부모님에게 실망을 안겨드렸다는 마음에 마음이 무거웠습니다.

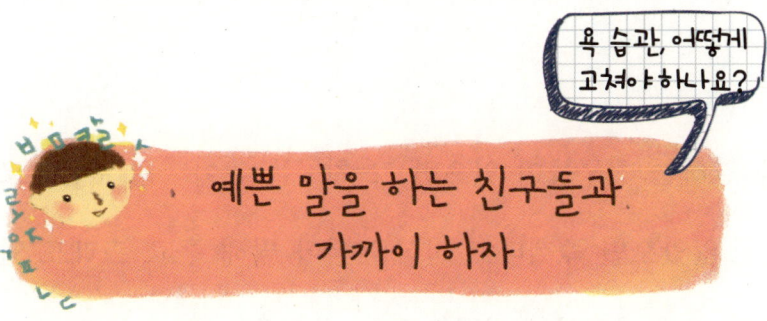

예쁜 말을 하는 친구들과 가까이 하자

욕을 잘하는 아이들에게 욕을 쓰는 이유를 물어보면 많은 아이들이 "욕을 안 하면 왕따를 당한다"고 대답했습니다. 다들 욕을 섞어서 이야기하는데 혼자 고운 말을 쓰면 따돌린다는 것입니다.

그렇다면 정말 욕을 못하면 친구들에게서 왕따를 당할까요? 절대 그렇지 않아요. 욕쟁이 친구들에게는 몇 가지 공통점이 있었어요.

'욕쟁이 친구에게는 욕쟁이 친구들이 있다.'

'우등생보다 열등생 가운데 욕쟁이 친구가 많다.'

'욕을 쓰지 않으면 스스로 친구들에게서 왕따를 당한다고 여긴다.'

사람은 끼리끼리 모인다는 말이 있어요. 그래서 가까운 친구들을 보면 그 사람이 어떤 사람인지 알 수 있답니다. 욕을 잘 쓰는 친구들과 어울린다면 여러분 역시 욕을 잘 쓰게 된다는 것을 알 수 있습니다. 여러분이 욕을 안 한다고 욕쟁이 친구들이 여러분을 멀리한다면, 굳이 그런 친구들과 가까워질 필요는 없습니다.

욕을 잘하는 친구들이 있으면 그 친구들을 아끼는 마음으로 욕을 쓰지 않았으면 좋겠다고 진심을 담아 말해 주고, 그래도 안 통하면 그런 친구와는 거리를 두는 게 좋습니다.

욕을 쓰지 않는 학생들 가운데 친구들에게 인기가 많은 친구도 있어요. 욕을 하지 않지만 친구들에서 따돌림을 당하지 않아요. 왜 그럴까요? 그 친구 주위에는 예쁘고 고운 말을 쓰는 친구들이 있기 때문이에요. 예쁘고 고운 말을 하는 친구들은 거친 말이나 욕을 쓰는 친구들을 멀리 합니다. 그런 친구들과 함께 있으면 기분이

나쁘기 때문이지요.

거친 말과 욕을 쓰게 되면 그런 말을 쓰는 친구들과 어울리게 된답니다. 반면에 예쁜 말, 고운 말을 쓴다면 역시 예쁘고 고운 말을 쓰는 친구들과 가까워지게 되지요. 따라서 학교에서 왕따가 되지 않기 위해 하기 싫은 욕을 억지로 쓰는 못난 친구가 되어선 안 됩니다.

TIP 성공한 사람들의 말버릇 떠올리기

세상에는 성공한 사람들이 많습니다. 그 사람들에게는 공통점이 있답니다. 바로 부정적인 말을 하지 않는다는 것입니다. 더군다나 나와 상대방을 기분 나쁘게 하는 욕설은 절대 입에 담지 않습니다.

이들은 주로 어떤 말을 쓸까요?

"나는 지금보다 더 잘할 수 있어."

"네가 내 친구라는 게 정말 자랑스러워."

"나는 세상에서 가장 소중한 존재야."

그렇다면 패배자들은 어떤 말을 쓸까요?

"되는 일이 하나도 없어."

"네가 내 친구라는 게 너무 싫어."

"부모님은 나를 왜 낳았을까?"

이처럼 성공한 사람들과 패배자들의 말버릇은 확연히 다릅니다. 그런데 재미있는 사실은 인생은 자신이 말하는 것처럼 된다는 것입니다. 성공한 사람들에게도 그동안 많은 시련과 역경이 있었습니다. 하지만 그런 상황에서도 그들은 자신을 믿었습니다. 그래서 어떤 어려움에 처하든 하나같이 긍정적인, 고운 말을 썼던 것입니다.

　따라서 욕을 못하면 왕따 당할지도 모른다는 생각이 들 때, 자신이 닮고 싶은 롤 모델이나 성공한 사람들의 말을 떠올리며 힘을 내세요.

상대방에게 강한 인상을 남기고 싶어요

초등학교 3학년인 형수는 아버지의 전근으로 서울에서 대구로 전학을 가게 되었습니다. 그래서 그동안 친하게 지냈던 친구들과 헤어진다는 마음에 우울했습니다. 무엇보다 형수의 마음을 우울하게 한 것은 새로운 학교, 새로운 선생님, 새로운 아이들과 다시 시작해야 한다는 것이었습니다.

'전학 왔다고 애들이 왕따 시키면 어쩌지? 에이, 정말 짜증 나. 아빠 왜 전근을 가시는 거야?'

형수는 우울함이 파도처럼 밀려왔습니다. 머릿속에선 끊임없이 전학 간 학교의 반 아이들이 자신을 따돌리는 모습이 떠올랐습니다.

형수가 우울해 있을 때 휴대 전화가 울렸습니다.

'누구지?'

형수와 제일 친한 친구 영태였습니다.

"내일 전학 가지? 기분 어때?"

"그냥 우울해. 가서 어떻게 해야 될지 모르겠어."

"준수가 그러는데, 전학 가면 괴롭히고 못살게 굴고 그런다던데……. 너 은근히 걱정되겠다."

"나도 지금 그것 때문에 걱정이야."

형수는 침울한 목소리로 말했습니다.

"애들한테 왕따 안 당하는 방법 알려줄까?"

순간 형수는 정신이 번쩍 들었습니다.

"처음부터 애들한테 약한 모습 보이면 안 돼. 내 말은 지금처럼 너무 얌전하게 굴지 말고 좀 강하게 보이는 것이 좋아."

"어떻게 하면 되는데?"

"애들과 말할 때 욕도 좀 쓰고 그래. 대부분 욕 잘 쓰는 아이한테는 함부로 못 하거든."

"……."

"2반의 강호 봐. 걔, 덩치도 별로 안 큰데 아무도 못 건드리잖아. 왜 그런 줄 알아? 욕 정말 잘하거든. 입만 열었다 하면 욕이야. 그래서 다들 강호 무서워해."

"그렇구나."

"내 말대로 해. 그러면 애들이 너를 괴롭히지 못할 거야. 알았지? 힘내!"

"응, 고마워."

영태와 전화 통화를 하고 난 형수는 한결 마음이 가벼워졌습니다. 영태가 시키는 대로 해 보기로 마음먹었습니다.

다음 날 아침, 형수는 어머니와 함께 새로 다니게 될 초등학교로 향했습니다.

"저기 보이는 학교가 오늘부터 새로 다니게 될 학교야."

"……."

"학교도 지은 지 2년밖에 안 됐대. 우리 형수 새 학교에서 공부하고 정말 좋겠다."

"……."

하지만 형수는 학교가 가까워질수록 가슴속에 돌이 들어 차 있는 것처럼 무거웠습니다.

학교에 도착한 형수는 어머니와 함께 교무실로 향했습니다.

"안녕하세요? 선생님, 형수 엄마예요."

"안녕하세요? 형수 어머님. 네가 형수구나. 안 그래도 궁금했는데 공부 잘하게 생겼네."

담임선생님은 환한 표정으로 말을 건넸습니다.

"오늘부터 선생님하고 잘 지내보자꾸나. 3학년 2반 친구들도 다 착하니까 금방 친해질 수 있을 거야."

"선생님, 우리 형수 잘 부탁드립니다."

이렇게 해서 형수는 3학년 2반에서 공부하게 되었습니다. 곧장 형수는 어머니와 헤어져 선생님을 따라 교실로 향했습니다. 반으로 향하는 동안 형수는 가슴이 쿵쾅거렸습니다.

이윽고 교실로 들어선 선생님은 반 아이들에게 형수를 소개했습니다. 그리고 형수에게 자리를 배정해 주었습니다.

1교시가 끝나고 쉬는 시간이었습니다. 아이들은 형수를 힐끔힐끔 쳐다보며 수군거렸습니다. 형수는 아이들과 눈을 마주치지 않으려고 애썼습니다. 괜히 눈이라도 마주쳤다가 말을 걸면 당황스러울 것 같았기 때문입니다.

그날 점심시간 한 친구가 형수에게 말을 걸었습니다. 그리고 주위에는 다른 아이들이 보고 있었습니다.

"너 인천에서 왔다며? 멀리서 왔네. 우리 앞으로 친하게 지내자. 난 태수라고 해."

순간 형수는 고민이 되었습니다. 그 아이한테 친절하게 대해야 할지, 아니면 영태의 말대로 욕을 섞어서 거칠게 대해야 할지 판단이 잘 서지 않았어요.

하지만 강해 보이고 싶었던 형수는 영태의 말대로 하

기로 했습니다.

"××, 난 너하고 친구할 생각 없거든."

형수의 거친 말에 태수는 당황한 표정이었습니다.

"정말 어이없네. 나도 너랑 친구할 생각 없어."

주위에 있던 다른 아이들도 한마디씩 던졌습니다.

"어머, 쟤 좀 봐. 방금 욕한 거 맞지?"

태수를 비롯한 아이들은 화난 표정이었습니다. 순간 형수는 거친 말을 하기로 한 자신의 판단이 잘못되었다는 것을 알았습니다.

'어? 이게 아닌데…….'

며칠이 지나도 형수에게 다시 말을 거는 아이들이 없었습니다. 그저 기분 나쁘다는 표정으로 형수를 쳐다볼 뿐이었습니다. 태수를 비롯한 아이들이 형수에 대해 나쁜 소문을 퍼뜨렸기 때문이다.

형수는 전학 온 첫날, 아이들에게 강한 인상을 심어 주기 위해 거친 말을 썼다가 오히려 외톨이가 되고 말았습니다. 형수는 자신을 차갑게 대하는 아이들과 앞으로 어떻게 학교생활을 해야 할지 눈앞이 캄캄했습니다.

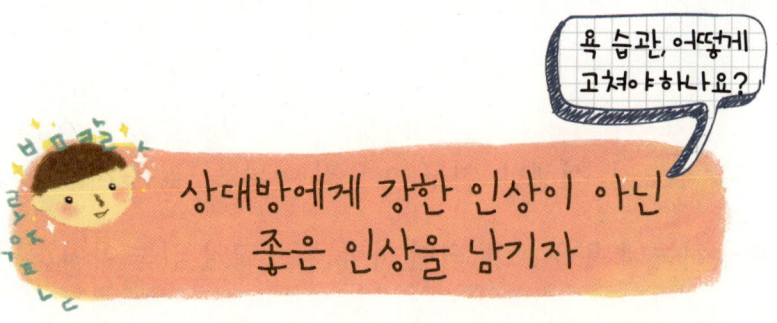

상대방에게 강한 인상이 아닌 좋은 인상을 남기자

초등학생들에게 "욕을 왜 하느냐?"고 묻자 다양한 대답이 쏟아졌습니다.

"먼저 욕을 쓰게 되면 상대방을 압도할 수 있거든요."

"욕을 안 쓰면 나를 얕잡아 보잖아요."

"욕을 쓰면 상대방에게 강한 인상을 심어 줄 수 있잖아요."

학생들 가운데 의외로 상대방에게 강한 인상을 남기고 싶어서 욕을 쓴다는 아이들이 많았습니다. 특히 상대가 처음 보는 아이라면 욕을 해서 기를 죽인다는 것입니다.

정말 욕을 쓰게 되면 상대방에게 강한 인상을 남길 수 있을까요? 물론 고운 말만 쓰는 것보다 욕을 섞어서 말을 하게 되면 강한 인상을 남길 수 있습니다. 그러나 문제는 상대방에게 나쁜 인상을 남긴다는 것입니다.

세상은 나 혼자서 살아갈 수 없습니다. 매일 우리는 누군가에게 도움을 받습니다. 부모님, 선생님, 친구, 이웃집 어른 등 많은 사람들의 도움을 받아야 하는데 욕을 쓰게 되면 사람들은 '교양 없는 아이', '미래가 보이지 않는 아이', '제멋대로인 아이', '사고뭉치'로 여기게 되지요.

그 결과 세상에서 가장 소중한 존재인 여러분은 하찮은 존재로 전락하고 맙니다. 욕을 쓴다는 것은 타인에게 "나에게 함부로 대해 주세요. 가끔 거친 말이나 욕도 해 주세요"라고 선언하는 것과 다를 바 없다는 것, 반드시 명심하세요. 무엇보다 상대방에게 강한 인상을 심어주기 위해 욕을 썼다가는 앞의 이야기 속에 나오는 형수처럼 외톨이가 될 수 있답니다.

요즘은 선생님과 학생, 상사와 부하 직원들이 서로에게 공경어를 쓰게 하는 곳이 늘고 있습니다. 'ㅇㅇ님'과 같은 공경어를 쓰게 되면 아무래도 말도 가려서 하게 될 뿐 아니라 친절한 말을 쓰게 됩니다. 친절한 말은 친절한 행동으로 이어지고 서먹했던 관계도 부드러워진답니다.

"미진 님, 앞으로 나와서 이 문제 좀 풀어 보겠어요?"

"네, 선생님."

미진이는 앞으로 나가 선생님이 낸 문제를 열심히 풀었습니다. 미진이가 다 풀고 들어가자 선생님은 학생들에게 공경어로 미진이가 푼 문제가 맞았는지 틀렸는지 풀어 주었습니다.

"아주 어려운 문제였는데 미진 님이 문제를 정확하게 잘 풀었어요. 우리 모두 박수 쳐 줄까요?"

친구들은 미진이에게 박수를 쳐 주었습니다. 수업이 끝나고 쉬는 시간에 짝꿍 주연이가 물었어요.

"미진 님, 아까 그 문제 어떻게 풀었는지 다시 한 번 알려 주세요. 선생님 설명을 잘 들었지만 이해가 되지 않는 부분이 있어서요."

"네, 좋아요!"

미진이는 주연이에게 앞에 나가서 풀었던 문제를 차근차근 설명해 주었습니다.

미진이네 학교는 선생님과 친구 모두 공경어를 써야 하는 곳이었어요. 미진이는 공경어가 처음엔 낯설고 어색했지만 서로 존중해 주고 아껴 주는 것 같아 참 좋았어요.

하지만 미진이는 이곳을 떠나 다른 학교로 전학을 가야 했어요. 친구들은 전학 가는 미진이에게 손수 편지를 써서 주었어요.

'미진 님이 전학을 간다니까 너무 슬퍼요. 다음에 꼭 놀러 와야 해요! 전학 가서도 우리 잊지 마세요!'

친구들은 편지에 예쁜 마음과 예쁜 말을 담아 주었어요. 미진이는 좋은 친구들과 헤어진다는 생각에 슬펐어요. 전학을 가기가 너무 싫었지만 할 수 없이 다른 학교로 전학을 갔습니다.

미진이는 처음 만난 친구들에게 인사했어요.

"안녕하세요, 저는 오늘 전학 온 김미진이라고 합니다. 친하게 지냈으면 좋겠어요."

선생님은 미진이 자리를 만들어 주었어요. 미진이는 자기 자리로 가서 짝꿍에게 반갑다고 인사를 했어요.

"반가워요. 이름이 뭐예요?"

"난 이유리야."

"아, 유리 님, 1교시 수업은 뭔가요?"

이 말을 듣더니 유리는 깔깔 웃기 시작했어요. 미진이는 유리가 왜 웃는지 이해할 수 없었어요.

"유리 님, 왜 웃어요?"

"어머, 얘. 유리 님이 뭐야? 너 진짜 이상하다."

"유리 님이 이상한 건가요?"

그러자 유리는 다시 웃기 시작했어요. 그러더니 다른 아이들에게 말했어요.

"야야, 얘 좀 봐. 나보고 유리 님이래."

주변에 친구들도 이 얘기를 듣더니 다 웃기 시작했어요. 미진이는 당황스러워서 어찌해야 할지 몰랐어요.

그리고 수업시간이 되었어요. 짝꿍 유리는 미진이 필통에 있는 지우개를 자기 것처럼 가져다 썼어요. 미진이는 이상했어요. 전에 학교에서는 친구의 물건을 빌리기 전에 "미진 님, 저 이것 좀 빌려 주세요. 괜찮죠?" 하고 이렇게 물어본 후에 가져갔기 때문이에요.

전학을 간 지 한 달이 지났지만 미진이는 좀처럼 적응을 할 수가 없었어요. 미진이는 계속 공경어를

썼지만 친구들은 공경어를 쓰는 미진이를 놀리기만 했어요. 미진이의 성적도 갈수록 떨어졌어요.

집에 돌아오면 늘 시무룩한 미진이에게 어머니가 물었어요.

"미진아, 요즘 성적도 자꾸 떨어지고 학교에서 무슨 일 있니?"

"엄마, 공경어를 쓰는 일이 놀림 당할 일인가요?"

미진이 어머니는 늘 학교만 갔다 오면 시무룩해지는 미진이가 걱정스러웠어요. 그러다 어느 날, 우연히 미진이의 일기를 보게 되었어요. 전에 다녔던 친구들이 너무 그립다는 내용이었어요.

미진이 어머니는 큰 결정을 내렸어요. 다시 전 학교로 미진이를 전학시켜야겠다고 마음먹었어요. 결국, 미진이는 전 학교로 돌아가게 됐어요. 전 학교로 돌아간 미진이는 다시 웃음을 되찾았어요.

실제로 서울의 한 초등학교에서는 이렇게 선생님과 친구끼리 공경어를 쓴답니다. 존댓말을 쓰게 되면 항상 말은 물론이고 행동까지 조심하게 돼요.

학교에서 친구들과 선생님이 공경어를 쓰면 처음엔 좀 어색할지 모르지만 상대방을 배려하게 되고 서로 신뢰가 생기게 된답니다.

행복한 인생, 성공하는 인생을 살고자 한다면 사람들에게 예쁜 말, 고운 말을 써야 한다는 것, 모두 알고 있죠? 그리고 예쁜 말을 사용하면 사람들에게 강한 인상이 아닌 좋은 인상을 줄 수 있어요.

성공하는 인생을 사는 사람들을 살펴보면 하나같이 좋은 인상을 지니고 있지요. 이것이 바로 그들의 성공 비결입니다.

TIP
고사성어 '역지사지' 생각하기

　미국의 25대 대통령 윌리엄 매킨리 대통령 이야기입니다.
　대통령에 당선된 매킨리는 미국의 외교를 떠맡는 중요한 자리에 누구를 앉힐까 고민했습니다. 당시 외교 책임자로 물망에 오른 사람은 두 사람이었습니다. 두 사람 모두 대통령의 오랜 친구였으며 능력 면에 있어서도 나무랄 데가 없는 후보들이었습니다.
　'두 사람 중에 누구를 선택해야 할까?'
　두 사람 모두 아까운 인재들이어서 매킨리 대통령은 고민이 되었습니다. 그러나 외교 책임자의 자리가 비어 있어서 계속 고민만 하고 있을 순 없었습니다. 그는 분명한 기준을 갖고 두 사람 중에 한 사람을 택하기로 결심했습니다.
　어느 날 매킨리 대통령과 두 친구는 함께 전차를 탔는데 마침 비어 있는 자리에 앉을 수 있었습니다. 그때 나이 많고 행색이 초라한 아주머니가 무거운 바구니를 이고 전차에 올랐습니다.
　그러나 아무도 그 아주머니에게 자리를 양보하지 않았습니다. 매킨리 대통령의 친구 한 명도 신문을 보는 척하며 아주머니를 외면했습니다.
　매킨리 대통령은 이 장면을 유심히 지켜보았습니다. 그리고 아주머니를 외면한 그 친구를 탈락시켰습니다. 어려운 처지에 있는 사람에게 무관심한 사람을 외교관으로 임명한다는 것은 부적합하다고 생각했기 때문입니다.

매킨리 대통령은 인성이 가장 중요하다고 생각했습니다. 이처럼 평소 좋지 않은 행동은 훗날 중요한 순간에 발목을 잡을 수도 있답니다.

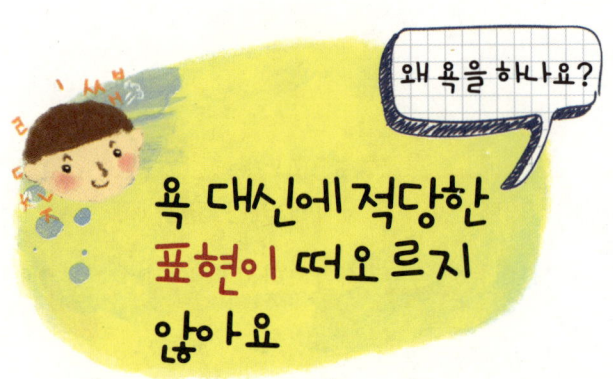

욕 대신에 적당한 표현이 떠오르지 않아요

점심시간이었습니다. 민수가 경태에게 물었습니다.

"경태야, 너 혹시 생텍쥐페리의 ≪어린 왕자≫ 읽어 봤어?"

"응. 며칠 전에 읽었는데……. 그건 왜?"

"감동적이라는데 나도 한 번 읽어 보려고. 줄거리 좀 말해 줘."

민수의 갑작스런 질문에 경태는 잠시 말문이 막혔습니다. 책을 읽기는 했지만 건성으로 읽었기 때문에 잘 생각이 나지 않았기 때문입니다.

경태는 더듬거리며 말했습니다.

"음, 그러니까……. 내용이 말이야. 아주 재미있고 감동적이야. 막상 말로 표현하려고 하니까 적당한 표현이 안 떠오르네. 암튼 ×× 좋은 책이야."

"좋은 책인데 왜 제대로 내용 설명도 못하니?"

"그러니까 ×× 좋은 책인데, 말로 표현하기가 힘들어. 암튼 너도 꼭 읽어 봐. ×× 괜찮은 책이야."

그때 혜원이가 끼어들며 말했습니다.

"경태야 넌, 꼭 말하다 적당한 표현이 안 떠오르면 욕하는 나쁜 버릇 있더라. 왜 그렇게 욕을 하니?"

경태는 아무 말도 할 수 없었어요.

"민수야, 나도 그 책 읽었는데 내가 말해 줄까?"

"응. 그래 줄래?"

혜원이는 잠시 생각을 정리한 후 말했습니다.

"≪어린 왕자≫는 생텍쥐페리가 사하라 사막에서 겪은 경험을 바탕으로 쓴 책이야. 혼자 사는 별에서 무슨 일이든 자기의 권위만 내세우려는 왕, 허영에 가득 찬 사람, 무엇이든 소유하려고만 하는 사업가, 쉼 없이 고된 일상만 반복하는 가로등 켜는 사람에 관한 이야기가 나오는데 그들을 통해 정말 중요한 것이 무엇인지 깨닫게 해 줘. 책을 다 읽고 나면 진정한 행복과 사랑의 의미에 대해 알 수 있어."

"우와! 정말 대단하다. 무슨 책인지 이해했어. 꼭 한 번 읽어 봐야겠다."

"어쩌면 그렇게 책 설명을 잘해? 내가 하려고 했던 말을 네가 다 해 버렸네."

민수와 경태는 혜원이의 설명에 감탄했습니다.

"난 책을 읽을 때 누구처럼 건성으로 읽지 않거든. 꼼꼼하게 읽는 편이야."

혜원이는 조금 우쭐해하며 말했습니다. 그때 경태가 기어들어 가는 목소리로 말했습니다.

"앞으로 나도 책 읽을 때 꼼꼼하게 읽어야겠다. 책 읽고 나면 별로 생각나는 게 없거든."

"그래, 잘 생각했어. 천천히 꼼꼼하게 읽으면 머릿속에 그대로 다 저장되거든. 그리고 독후감으로 써서 남기면 내용이나 내가 느낀 점도 정리 잘돼서 절대 잊어버리지 않아."

경수는 마음속으로 '앞으로 책을 꼼꼼하게 읽어서 혜원이처럼 말 잘하는 사람이 되어야지' 하고 다짐했습니다.

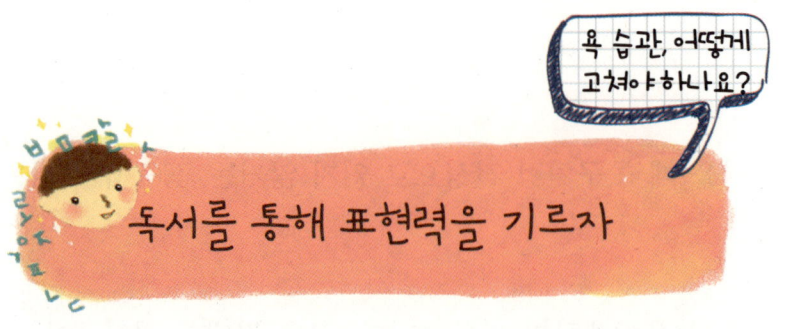

독서를 통해 표현력을 기르자

무엇이 고운 말 쓰는 친구, 욕쟁이 친구로 만들까요? 바로 표현력입니다. 표현력이 뛰어난 친구는 대화를 재미있게 이어 가지만 그렇지 못한 친구는 표현력이 부족한 탓에 경태처럼 제대로 말을 못할 뿐 아니라 긴 대화를 하지 못한답니다.

책을 많이 읽고 고운 말을 쓰는 친구들은 이야기를 나눌 때 상황에 따라 풍부한 어휘들을 섞어 가며 자신의 생각을 표현할 수 있어요. 반면에 욕쟁이 친구들은 자기 생각을 예쁘게 전달하는 방법을 몰라 욕을 섞어 쓰는 경우가 많아요.

누군가와 대화를 하다가 적당한 표현이 떠오르지 않을 땐 난감하죠. 그럴 때 자신도 모르게 욕을 쓰게 되는 거랍니다. 예쁘고 적당한 표현을 찾기보다 욕으로 대충 말하기가 훨씬 쉽다고 생각하기 때문이에요.

초등학교 4학년인 명수는 욕을 입에 달고 살았습니다. 명수 어머니는 명수가 욕을 하는 게 걱정스러웠습니다. 논술학원에 보내서 글 쓰는 법을 배우고 책 읽는 법을 배우면 욕을 덜하게 되지 않을까 싶었습니다. 그래서 어머니는 명수를 논술학원에 데려갔습니다. 논술학원 원장님은 명수와 어머니를 반갑게 맞아 주었습니다.

원장 선생님이 명수에게 물었습니다.

"평소에 책은 자주 읽니?"

그러자 그 명수는 이렇게 대답했습니다.

"책이요? 그런 건 학교에서만 읽는데요?"

명수는 책을 읽는 대신 하루 한두 시간씩 인터넷 게임을 하고 텔레비전을 보았습니다. 원장 선생님이 다시 물었습니다.

"혹시 수업 중에 읽은 교과서 빼고 올해 읽은 책 제목을 말해 줄 수 있겠니?"

"다 만화책인데 제목은 기억 안 나요."

"그렇다면 대충 아는 내용이라도 말해 보렴."

명수는 "공룡이 나오고……"라고까지 말한 뒤 2~3분가량 가만히 있었습니다. 그리고 적당한 문장을 찾아내지 못했는지 "공룡이 나오고 그냥 그게 끝이에요"라고만 대답했습니다. 명수는 늘 단답형으로 대답했습니다. 무언가를 말로 조리 있게 설명하는 데 애를 먹는 듯했습니다.

명수가 이렇게 제대로 대답을 하지 못하는 이유는 무엇일까요? 바로 표현력이 부족하기 때문이에요. 적당한 표현이 떠오르지 않을 때 자신도 모르게 욕을 써서 표현력 부족에서 오는 어려움에서 벗어날 수 있었던 것입니다.

그렇다면 왜 표현력이 부족한 걸까요? 독서를 하지 않았기 때문이에요. 인터넷 게임을 하며 채팅을 할 때도 비속어나 욕을 사용하기 때문에 자신의 생각을 정확하고 바르게 표현하는 방법을 배우지 못한 거랍니다.

여러분은 누군가와 대화할 때 자신이 표현하고자 하는 이야기를 막히지 않고 술술 풀어낼 수 있나요? 만일 그렇지 않다면 책과 가까이 해야 합니다. 표현력을 기르는 데 독서보다 더 좋은 비결은 없답니다.

　책을 가까이 하다 보면 상황에 맞게 풍부한 어휘를 섞어 가며 자신의 생각을 표현할 수 있습니다. 그래서 책벌레들이 공부도 잘할 뿐 아니라 말솜씨도 뛰어난 거랍니다.

TIP

독후감 쓰기

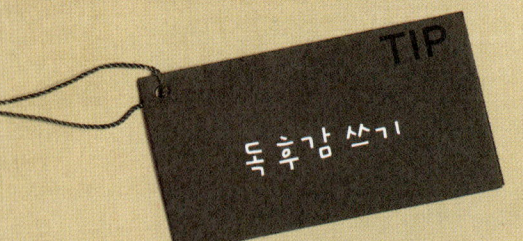

평소에 읽어 보고 싶었던 책들을 나열해 보세요.

예) 생텍쥐페리 ≪어린 왕자≫

읽고 싶었던 책을 읽어 보고 자신의 감정이나 줄거리를 직접 적어 보세요.

예) ≪어린 왕자≫에 나오는 사람들을 통해 정말 중요한 것이 무엇인지, 진정한 행복과 사랑의 의미에 대해 알 수 있어.

나도 모르게 욕에 중독됐어요

부모님이 보기에 형모는 학교에서 말썽 피우는 일도 없이 항상 착하고 바르게 행동했습니다. 그래서 맞벌이 때문에 늘 바빴던 부모님은 형모에게 신경을 많이 써 주지 못해 미안한 마음을 가지고 있었습니다.

어느 주말이었습니다. 친구 주현이가 놀러왔습니다. 둘은 방에서 인터넷 게임을 하고 있었습니다.

형모의 어머니가 주현이에게 물었습니다.

"주현이 오랜만에 놀러 왔는데, 아줌마가 맛있는 거 시켜 줄까?"

"정말요? 저 치킨 먹고 싶어요."

"그래, 조금만 기다려라."

"야호!"

형모와 주현이는 치킨을 시켜 주신다는 어머니의 말씀에 신이 났습니다.

한창 인터넷 게임이 빠져 있을 때 치킨 배달원이 도착했습니다. 형모의 방에도 맛있는 치킨 냄새가 풍겨 왔습니다.

"우와! 치킨 왔다!"

"맛있겠다."

"방으로 가져다 줄 테니 조금만 기다리렴."

형모의 어머니는 아이들에게 치킨을 가져다주기 위해 형모의 방으로 가다가 문밖에서 아이들이 나누는 대화를 듣고는 소스라치게 놀라고 말았습니다.

"×× 재수 없어."

"진짜 ×××."

어머니는 욕설이 섞여 있는 아이들의 대화를 듣고는 가슴이 철렁 내려앉았습니다. 아이들의 말에는 욕이 두세 개씩 들어가는 건 기본이었습니다.

'아니, 우리 형모가 어떻게 저런 욕을······.'

어머니는 한동안 형모의 방문 앞에 멍하니 서 있었습니다. 도저히 발이 떨어지지 않았기 때문입니다.

생전 처음 듣는 욕도 있었습니다. 어머니는 한동안 충격에서 빠져나올 수 없었습니다.

며칠 전 한 직장 동료가 했던 말이 떠올랐습니다.

"요즘 애들 욕하는 거 장난이 아니야. 어쩌면 그렇게 욕을 잘하는지······."

"어머, 그래? 우리 아들은 안 그래. 욕하는 거 한 번도 못 봤어."

며칠 전 직장 동료의 말을 형모 어머니는 대수롭지 않게 받아넘겼습니다. 그동안 형모가 욕을 쓰는 모습을 한 번도 본 적이 없었기 때문입니다.

어머니는 깊은 고민에 빠졌습니다. 그동안 직장 생활을 한다는 이유로 형모에게 신경을 써 주지 못한 자신이 원망스러웠습니다.

주현이가 돌아간 후 어머니는 형모에게 진지하게 물었습니다.

"형모야, 아까 치킨 가져다주러 갔다가 네가 주현이랑 대화하는 거 우연히 들었어. 너 언제부터 그렇게 욕을 썼니?"

형모는 깜짝 놀라 아무 말도 못 했습니다.

어머니는 이어서 말했습니다.

"난 그것도 모르고 너에게 너무 무심했던 것 같구나."

어머니는 금세라도 눈물을 흘릴 것 같았습니다.

"그런 욕들은 다 어디서 배웠니?"

형모는 잠시 뜸을 들이다가 대답했습니다.

"인터넷 게임하면 채팅창에서 애들이 욕을 써요. 그리고 학교에서도 욕을 안 쓰는 애들보다 쓰는 애들이 더 많아요."

그 후 어머니는 형모에게 '인터넷 게임 금지'라는 특단의 조치를 내렸습니다. 어머니에게 실망을 안겨 드렸다는 생각에 형모는 더 이상 인터넷 게임을 할 수 없다는 어머니의 말씀을 받아들였습니다.

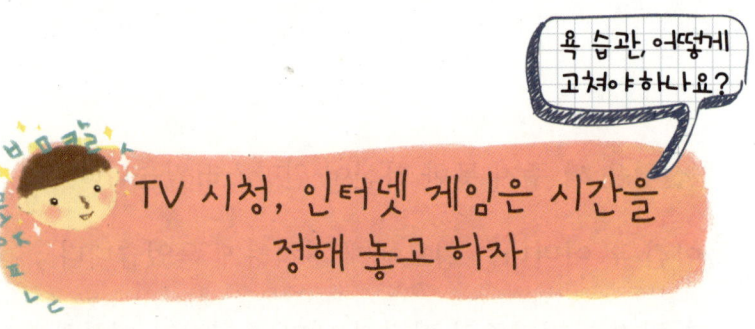

TV 시청, 인터넷 게임은 시간을 정해 놓고 하자

욕 습관, 어떻게 고쳐야 하나요?

욕을 쓰는 친구를 보면서 그 모습이 멋지다고 생각하는 친구들이 있어요. 그래서 자신도 모르게 친구가 쓰는 욕을 따라 하는데 그러다가 욕하는 게 습관이 된답니다. 어떤 행동이든 자꾸 반복하게 되면 습관이 돼요. 처음에는 어색하던 행동도 나중에는 거리낌 없이 하게 됩니다.

어느 초등학교 교실에서 두 학생이 욕설을 섞은 대화를 주고받고 있었습니다. 지나가던 선생님이 학생들의 대화 소리를 듣고 다가갔습니다. 그러나 학생들은 근처에 선생님이 있다는 것을 모른 채 계속 대화를 주고받았어요.

선생님이 아이들에게 말했습니다.

"지금부터 욕

하는 사람은 별로 청소하기다."

그러자 한 학생이 입을 삐죽거리며 말했습니다.

"선생님, 이건 욕이 아니라 그냥 대화하는 거예요."

선생님은 어처구니가 없었습니다. 욕을 그저 대화의 일부라고 하는 학생들이 이해가 되지 않았습니다.

욕은 보이지 않는 폭력과 같습니다. 자신은 욕이 아니라고 여길지 몰라도 그 욕을 듣게 되면 주위 사람들은 기분이 좋지 않답니다.

또 욕에는 부정적인 의미가 담겨 있습니다. 그래서 욕을 쓰게 되면 사람들에게 반감을 사게 되어 멀어지게 됩니다.

어떤 습관이든 한번 몸에 배면 고치기 힘듭니다. 평소 자신이 욕을 잘 쓴다고 생각된다면 지금부터 고치도록 노력하세요.

"이미 습관이 되었는데 어떻게 고쳐요?"

이렇게 묻는 친구들도 있을 거예요. 습관이 되었다고 해서 아주 고칠 수 없는 것은 아닙니다. 더 좋은 습관으로 바꾸면 되니까요. 습관을 고치기 위해 가장 먼저 여러분이 실천해야 할 세 가지 일이 있습니다.

◉ 욕쟁이 친구와 멀리 하기
◉ 시간을 정해서 인터넷과 게임하기
◉ 시간을 정해서 TV 시청하기

대부분의 초등학생들이 위의 세 가지 요소를 통해 욕을 배운다고 합니다. 시간이 지나면서 자신도 모르게 욕에 중독된다는 것이지요. 따라서 이 세 가지만 잘 지킨다면 욕하는 습관에서 자연스레 벗어날 수 있어요.

여러분, 항상 고운 말을 쓰도록 노력해 보세요. 고운 말에 담겨 있는 긍정의 의미가 관계를 더욱 돈독하게 해 준답니다.

TIP
은어, 속어를 대체할 재미있는 우리말 찾아보기

은어란 어떤 계층이나 부류의 사람들이 다른 사람들이 알아듣지 못하도록 자기네 구성원들끼리만 사용하는 말이라는 뜻이에요. 자신이 쓰는 은어를 적어 보고 그 말 대신 쓸 수 있는 재미있는 우리말을 찾아보세요.

예) 은어: 쪼개다
　　대체할 우리말: 웃다, 비웃다

은어
_____

대체할 우리말
_____

은어
_____

대체할 우리말
_____

은어

대체할 우리말

은어

대체할 우리말

은어

대체할 우리말

속어란 통속적으로 쓰이는 저속한 말이랍니다. 자신이 자주 쓰는 속어를 적어 보고 대체할 수 있는 예쁜 말을 적어 보세요.

예) 속어: 초딩
　　대체할 우리말: 초등학생

속어
_____

대체할 우리말
_____

속어
_____

대체할 우리말
_____

속어
_____

대체할 우리말
_____

속어
_____

대체할 우리말
_____

속어
_____

대체할 우리말
_____

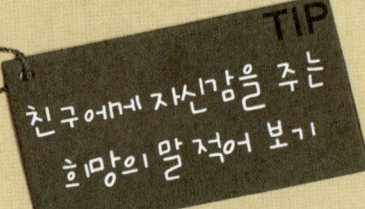
TIP 친구에게 자신감을 주는 희망의 말 적어 보기

예) "넌 반드시 해낼 수 있어."

TIP
사랑을 표현하는
예쁜 말 적어 보기

예) "넌 참 웃는 얼굴이 예뻐."

욕이 그렇게 나쁜 말인지 몰랐어요

학원에 갔다 온 승혜는 거실에서 선생님이 내 주신 숙제를 하고 있었습니다. 그때 전화벨이 울렸습니다. 승혜 어머니가 전화를 받았습니다.

"여보세요?"

"여보세요. 승혜 바꿔 주세요"

승혜 친구로 보이는 상대방은 다짜고짜 승혜부터 바꿔 달라고 말했어요. 그러자 승혜 어머니는 승혜 친구에게 "누구라고 전할까?" 하고 물었습니다.

그러자 승혜 친구가 물었습니다.

"왜요?"

따지듯이 묻는 말에 승혜 어머니는 순간 당황스럽고 화도 났습니다. 하지만 아이가 전화 예절을 잘 모를 수도 있다는 생각에 부드러운 어조로 물었습니다.

"이름을 알면 안 되니?"

승혜 친구는 이제 막무가내로 말했습니다.

"제 이름 알아서 뭐하려고요? 그냥 바꿔 달라니까요."

화가 난 승혜 어머니가 야단치듯 말했습니다.

"어른이 전화를 받으면 먼저 인사를 해야지. 그다음에 자기 이름을 밝힌 후에 친구를 바꿔 달라고 해야 되는 거란다. 이렇게 다짜고짜 어른한테 따지듯이 말하는 건 예의에 어긋나는 거야. 학교에서 안 배웠니?"

"그래서요?"

승혜 어머니는 한숨을 푹 쉰 후 다시 말했어요.

"어른이 이렇게 말하면 죄송하다고 하는 거야."

그러자 친구는 "뭐야? 재수 없어"라는 말만 내뱉고는 전화를 뚝 끊어 버렸습니다.

승혜 어머니는 어이가 없었습니다.

"뭐, 이런 애가 다 있어!"

승혜 어머니는 자신의 딸 친구한테 욕을 들은 만큼 너무나 기가 차고 황당했어요.

그때 승혜의 휴대 전화에서 문자 알림 음이 울렸습니다. 친구 경란

이가 보낸 문자였습니다. 문자를 본 승혜는 깜짝 놀랐습니다. 문자에 욕이 섞여 있었기 때문입니다.

어머니가 물었습니다.

"방금 전화한 친구니?"

"네, 맞아요."

"문자는 뭐라고 보냈어? 어디 봐 봐."

"아무것도 아니에요. 그냥

뭐……. 어디냐고 물어 봤어요."

승혜는 어머니가 볼까 봐 얼른 문자를 삭제해 버렸습니다.

어머니는 승혜에게 그 친구에 대해 이것저것 물었습니다.

"그 친구는 학교에서도 친구들과 말할 때도 늘 욕을 해요. 선생님께 아무리 혼나도 소용없어요."

어머니는 이럴 땐 어떻게 해야 할지 난감했어요. 나중에 그 친구를 불러 따끔하게 혼을 내 볼까 생각도 했지만 선생님 말씀도 안 듣는데 자신의 말을 들을까 염려도 되었어요.

초등학생 다섯 명이 학교 앞 문구점에 설치되어 있는 미니 게임기에 열중하고 있었습니다. 마침 교감선생님이 근처를 지나고 있었습니다. 교감선생님은 아이들이 지금 무슨 게임을 하고 있을까 하는 궁금증에 가까이 다가가 보았습니다.

한 아이는 축구 게임을 하고 다른 아이는 격투 게임을 하고 있었습니다. 그 주변을 아이들이 빙 둘러싸고 구경하고 있었습니다.

그런데 그때, 게임을 하는 두 아이는 서로 경쟁이라도 하듯 욕을 쏟아 내기 시작했습니다.

"아, ×××."

"이야! ××× ×× 잘하네."

뒤에서 구경하던 아이들도 한마디씩 거들었습니다.

"××× 패스해라. 패스해."

"×× 못하네."

교감선생님은 아이들의 욕설에 할 말을 잃고 말았습니다. 대화라기보다는 욕하기 대회에 나온 선수들 같았습니다. 교감선생님이 아이들에게 물었습니다.

"왜 이리 욕을 많이 하니?"

아이들은 그제야 바로 옆에 교감선생님이 서 계신다는 것을 알았습니다. 어느새 아이들은 큰 잘못을 지은 것처럼 조용해졌습니다. 교감선생님이 아이들에게 물었습니다.

"얘들아, 방금 했던 욕이 어떤 뜻을 가지고 있는지 알고 있니?"

아이들은 아무 대답도 못한 채 서로 눈치만 보고 있었습니다. 그때

한 아이가 모기만한 목소리로 대답했습니다.

"잘 모르는데요."

교감선생님이 말했습니다.

"방금 너희들이 했던 욕에는 사람도 죽일 만큼 무서운 뜻이 담겨 있단다."

교감선생님의 말씀에 아이들은 깜짝 놀란 표정이었습니다. 교감선생님은 아이들에게 방금 했던 욕이 얼마나 무섭고 끔찍한 뜻인지 차근차근 설명해 주었습니다. 그러자 몇몇 아이들은 말했습니다.

"욕이 그렇게 나쁜 말인지 몰랐어요."

"저도요."

교감선생님은 아이들의 머리를 쓰다듬어 주면서 말했습니다.

"그래, 그랬겠지. 이제 앞으로 고운 말만 쓰도록 하자."

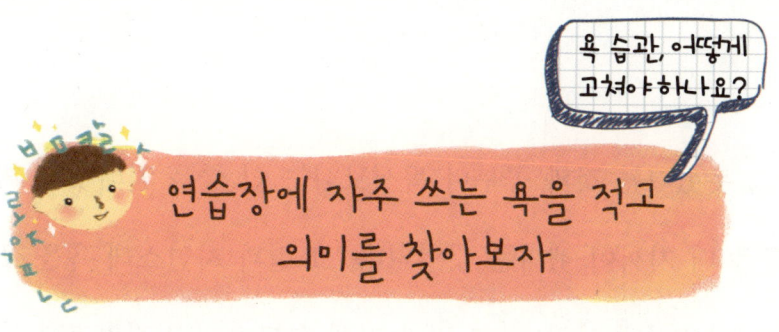

연습장에 자주 쓰는 욕을 적고 의미를 찾아보자

대부분의 학생들은 자기가 쓰는 욕의 의미를 알지 못합니다. 그래서 습관적으로 욕을 하게 되는 것입니다.

승혜의 친구는 왜 승혜의 어머니에게 "재수 없어"라는 말을 스스럼없이 했던 것일까요? '재수'라는 낱말의 뜻을 모르기 때문입니다. 국어사전에 보면 '재수'라는 낱말은 '재물이 생기거나 좋은 일이 있을 운수'를 뜻한다고 설명되어 있습니다.

따라서 '재수 없어'라는 말은 "하루 종일 불행한 일만 생겨라"라는 악담과 같습니다. 딸의 친구로부터 이런 말을 들은 승혜의 어머니는 얼마나 기분이 나빴을까요?

절도, 강도 등 범죄를 저질러서 교도소에 있는 사람 중에는 어려서부터 불량한 친구들과 어울렸던 사람이 많았습니다. 또 욕에 중독되어 험한 말을 많이 쓴 사람도 있었요.

욕을 잘한다는 것은 두 가지로 풀이할 수 있습니다. 자신의 감정을 잘 조절하지 못했다는 것과 공부나 독서보다는 안 좋은 인터넷과 게임, 만화 등을 더 가까이 했다는 것입니다. 그 결과 자연스레 욕을 쓰는 친구들과 어울리게 되었고, 그 결과 자신도 모르게 범죄자로 전락하고 만 것입니다.

자신이 자주 쓰는 욕들을 연습장에다 한 번 적어 보세요. 연습장에서 하나씩 욕을 적다 보면 평소 자신이 얼마나 많은 욕을 쓰는지 알게 된답니다.

여기에 그치지 말고 자신이 즐겨 쓰는 욕들을 어른들에게 물어서 뜻을 알아보세요. 부모님이나 선생님, 삼촌, 이모, 대학생 누나나 형에게 물어보세요. 진지하게 상담을 요청하면 여러분을 사랑하는 어른들도 진지하게 알려줄 거예요. 욕이 얼마나 안 좋은 것인지 알 수 있고, 다시는 이런 욕을 하지 말아야겠다는 생각이 절로 든답니다.

TIP
욕하는 모습
휴대 전화로 촬영하기

많은 친구들은 자신이 평소 얼마나 욕을 자주 하는지 모릅니다. 모르기 때문에 그 심각성을 깨닫지 못하는 것입니다. 그 결과 습관적으로 말끝마다 욕을 섞어서 하게 된답니다.

이런 친구들을 위한 좋은 방법이 있습니다. 친구들에게 자신의 욕하는 모습을 휴대 전화로 동영상 촬영을 부탁하는 것입니다. 촬영한 자신의 모습을 직접 보게 된다면 평소 자신의 욕하는 습관에 대해 자세히 알게 된답니다.

따라 해 보기

- 친구들에게 자신의 욕하는 모습을 휴대 전화로 동영상 촬영해 달라고 부탁하기
- 욕하는 모습이 담긴 동영상 보며 반성하기

TIP 스트레스 풀기

학교 공부, 학원 공부 때문에 알게 모르게 스트레스를 많이 받았을 거예요. 여러가지 일들이 아마 나를 화나게 하고 욕을 하게 만들었을 거예요. 그동안 나를 화나게 만든 목록을 적어 보고 그 일들을 어떻게 풀 수 있는지도 적어 보세요. 그리고 직접 실천해서 스트레스를 날려 보세요!

나를 화나게 만든 일들을 적어 보세요.

예) "수학 숙제가 너무 어려워요."

나를 화나게 만든 일들을 어떻게 풀어야 하는지 곰곰이 생각해 보고 적어 보세요.

예) "부모님이나 선생님께 물어보고 차근차근 혼자 풀어 보아요."

영화랑 TV에서도 욕하잖아요

지훈이의 취미는 영화 감상이었습니다. 그래서 지훈이 어머니는 감동적이라고 소문이 난 영화 DVD를 빌려와 지훈이와 함께 보았습니다. 12세 이상 관람가 영화라 초등학교 6학년인 지훈이가 봐도 될 영화였어요.

그런데 영화를 보다가 지훈이 어머니는 깜짝 놀랐습니다. 영화 중간 중간에 배우들이 아무렇지 않게 욕을 하는 부분이 많았기 때문이에요.

어머니는 아이들이 욕과 폭력적인 언어를 접할 수 있는 기회가 너무 많다는 생각이 들었어요.

다음 날 저녁, 지훈이는 자기가 좋아하는 배우가 나오는 영화를 텔레비전에서 해 준다는 것을 알고 거실로 달려 나와 텔레비전을 틀었습니다. 그런데 그 영화는 18세 이상 관람 영화였어요. 아버지가 말했습니다.

"지훈아, 저건 네가 보면 안 되는 영화인 것 같은데 꼭 봐야겠니? 아빠는 네가 안 봤으면 좋겠는데……."

"안 돼요! 얼마나 보고 싶었던 영화인데요. 한 번만 봐 주세요. 이것만 볼게요."

지훈이 아버지는 지훈이가 정말 좋아하는 것 같아 말릴 수가 없었어요. 영화가 시작되자 지훈이는 영화에 푹 빠져 버렸어요.

그런데 영화 속에는 조직 폭력배들이 나와 싸우는 장면들이 많았어요. 지훈이는 영화를 보며 이렇게 말했어요.

"그래! 모조리 다 죽여 버려! 잘한다!"

그리고 싸우는 장면을 보며 흉내 내기도 하고 조폭들이 하는 말들을 따라 하기도 했어요. 영화를 보며 욕을 하고 심지어 따라 하는 것을 보고 어머니와 아버지는 깜짝 놀랐어요.

"지훈아, 너 방금 뭐라고 했니?"

"아, 엄마! 이거 엄청 재미있어요! 엄마도 같이 보세요."

"지훈아, 이제 그만 보렴. 아무리 네가 영화 보는 걸 좋아한다지만

이렇게 폭력적인 영화는 네가 보는 게 아니란다."

그날 저녁 지훈이는 혼이 났어요. 지훈이는 침울하게 방으로 들어가 이번에는 컴퓨터 게임을 하기 시작했어요.

며칠 후, 전화요금 명세서가 집으로 날아왔어요. 어머니는 전화 요금 명세서를 보고 깜짝 놀랐어요. 평소 나왔던 요금에 세 배가 넘는 요금이 나왔던 거예요. 어머니는 전화국에 전화를 걸었습니다.

전화국에서는 게임 사이트에서 결제된 것이 있다고 했습니다. 어머니는 지훈이에게 물어보기 위해 지훈이 방으로 들어갔어요. 지훈이는 컴퓨터 게임 중이었어요.

"×××! 죽어라!"

어머니는 지훈이가 서슴없이 욕을 하는 걸 듣고 깜짝 놀랐어요.

"지훈아, 방금 뭐라고 그런 거니?"

"이 자식이 제대로 못하잖아요."

"아니, 방금 욕한 거 말이야."

"영화랑 텔레비전에서 배웠어요. 아, ××!"

어머니랑 대화 중에도 게임을 하며 아무렇지 않게 욕을 내뱉는 지훈이가 크게 걱정이 됐어요. 게다가 지훈이가 하고 있는 게임은 성인이 할 수 있는 게임이었어요.

"그런데 지훈아, 이 게임은 18세 이상만 할 수 있는 것 같은데 대체 어떻게 하고 있는 거니?"

"아, 이거 엄마 주민등록번호 좀 빌렸어요."

"뭐라고? 그럼 전화 요금이 이렇게 많이 나온 것도 네가 한 거니?"

"아……. 아이템 조금밖에 안 샀는데……."

어머니는 크게 놀랐어요. 다른 사람의 주민등록번호를 이용해서 게임을 하는 행위는 불법이에요. 이런 일을 지훈이가 아무렇지 한다는 것에 어머니는 할 말을 잃었어요. 어머니는 화가 나서 지훈이에게 컴퓨터 게임 금지령을 내렸어요.

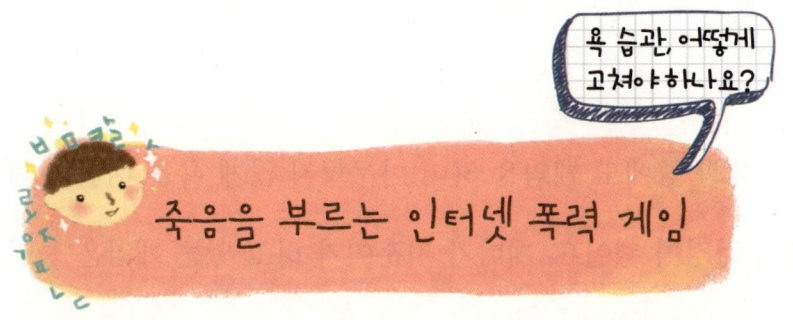

죽음을 부르는 인터넷 폭력 게임

요즘 학생들 가운데 이른바 총으로 사람을 쏴 죽이는 게임을 즐기는 학생이 많습니다. 이러한 게임이 초등학생들에게 어떤 영향을 미칠까요?

초등학교 5학년 10명 가운데 반은 게임을 하고 나머지는 게임을 하지 않은 상태에서 심리 테스트를 진행했습니다. 폭력 게임을 하고 난 뒤의 아이들에게서 공격성이 두드러졌습니다.

게임을 하고 나서 실험에 참가한 학생들에게 "게임을 하는데 누군가에게 무기를 빼앗겼다면 어떻게 하겠니?" 하고 물었습니다. 그러자 이렇게 대답했습니다.

"때려서 무기를 빼앗아요."

"협박하면서 빼앗을 것 같아요."

게임을 하기 전과 하고 난 후의 감정이 눈에 띄게 달라져 있었습니다. 게임 속의 주인공처럼 과격해진 것입니다.

한 연구 조사에서 초등학생 10명 중 4명이 집에서 컴퓨터 게임을 하느라 밖에 나가서 놀지 않거나 게임에서 지면 상대방을 때리고 싶은 폭력적 충동을 느껴 본 것으로 조사되었어요. 따라서 폭력적인 게임을 자주 접할수록 성격이 거칠어지고, 과격해질 확률이 높다는 것을 알 수 있었습니다.

폭력적 게임은 실제 폭력을 부를 가능성이 큽니다. 1년 전 실제 인터넷 게임에서 벌어지는 살인 참극이 현실에서 일어나기도 했습니다. 2010년 11월 한 중학생이 게임을 못 하게 하는 엄마를 목 졸라 살해했는가 하면, 집에서 폭력 게임을 하던 한 20대가 밖으로 나가 아무 이유 없이 길 가던 사람을 칼로 찔러 죽인 일도 있었습니다.

여러분에게는 무한한 가능성과 눈부신 미래가 있습니다. 10대라는 시기를 어떻게 보내느냐에 따라 가능성은 활짝 열리고 원하는 미래를 만들 수 있답니다. 따라서 당장의 인터넷 게임이 주는 재미에 푹 빠져 인생에서 가장 소중한 시간을 헛되이 보내선 안 돼요.

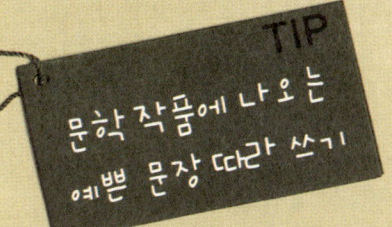

동화와 동시에는 예쁘고 감동적인 문장들이 가득합니다. 그래서 동화와 동시를 가까이 하는 친구는 그렇지 않은 친구에 비해 예쁘고 멋있는 문장들을 말할 수 있습니다. 뿐만 아니라 훨씬 풍부한 어휘를 사용하게 됩니다. 어휘를 풍부하게 사용한다는 말은 구체적으로 표현한다는 뜻과 같습니다.

동화와 동시를 가까이 해 보세요. 동화와 동시를 자주 접하게 되면 그만큼 순수한 마음을 간직할 수 있을 뿐만 아니라 마음의 창이 밝아진답니다. 동화와 동시를 읽을 때 '이 시어 정말 예쁘네', '우와! 이 문장 예쁘다'라는 생각이 드는 시어와 문장이 있을 거예요. 그럴 땐 그냥 한 번 읽고 넘어가지 말고 따라 적어 보세요. 예쁜 문장을 자주 따라 쓰다 보면 여러분 역시 자연스레 예쁘고 멋있는 말을 할 수 있게 된답니다.

아래는 ≪구슬비≫라는 동시 중 일부입니다.
송알송알 싸리잎에 은구슬 / 조롱조롱 거미줄에 옥구슬 / 대롱대롱 풀잎마다 총총 / 방긋 웃는 꽃잎마다 송송송
'송알송알', '조롱조롱', '대롱대롱'이라는 단어를 읊어 보면 마치 구슬이 목덜미를 타고 온몸에 싱그럽게 밀려오는 듯한 느낌마저 듭니다.

생텍쥐페리의 ≪어린 왕자≫라는 책에 보면 다음과 같은 감동적인 문장이 있습니다.

내 비밀은 이런 거야. 그것은 아주 단순하지. 오로지 마음으로만 보아야 잘 보인다는 거야. 가장 중요한 건 눈에는 보이지 않는단다.

위의 문장의 뜻을 생각해 보며 따라 적어 보세요.

다음은 권정생 선생님의 ≪강아지똥≫에 나오는 감동적인 문장입니다.

아니야, 하느님은 쓸데없는 물건은 하나도 만들지 않으셨어. 너도 꼭 무엇엔가 귀하게 쓰일 거야.

위의 문장의 뜻을 생각해 보며 따라 적어 보세요.

동화작가 황선미 선생님의 ≪마당을 나온 암탉≫에 이런 문장이 나옵니다.

　어리다는 건 경험이 부족하다는 것! 아가, 너도 한 가지를 배웠구나. 같은 족속이라고 모두 사랑하는 건 아니란다. 중요한 건 서로를 이해하는 것! 그게 바로 사랑이야.

위의 문장의 뜻을 생각해 보며 따라 적어 보세요.

작가이자 시인인 쉘 실버스타인의 ≪아낌없이 주는 나무≫에 나오는 감동적인 문장을 따라 적어 보세요.

날마다 소년은 나무에게로 와서 떨어지는 나뭇잎을 한 잎, 두 잎 주워 모았습니다. 그러고는 나뭇잎으로 왕관을 만들어 쓰고 숲속의 왕 노릇을 했습니다. 소년은 나무줄기를 타고 올라가서는 나뭇가지에 매달려 그네도 뛰고 사과도 따 먹곤 했습니다. 그러다가 피곤해지면 소년은 나무 그늘에서 단잠을 자기도 했지요.

위의 문장의 뜻을 생각해 보며 따라 적어 보세요.

그동안 여러분이 읽은 문학작품 가운데 가장 멋있고 감동적인 문장을 적어 보세요.

맺음말

인생의 성공 씨앗, 말 속에 깃들어 있다

우리 속담에 '말로 천 냥 빚을 갚는다'라는 말이 있습니다. 그만큼 말이 중요하다는 뜻을 담고 있습니다. 어떤 사람은 말 한마디로 적을 친구로 만들거나 어려움에서 벗어납니다. 반면에 어떤 사람은 상대방으로부터 미움을 사서 오히려 관계를 악화시키기도 합니다.

다음은 친절한 말로 운명을 바꾼 사람의 이야기입니다.

비가 억수같이 퍼붓던 어느 날이었습니다. 한 노부인이 비를 피하기 위해 피츠버그 백화점 안으로 급히 들어왔습니다. 노부인은 한 가구점 앞에서 비가 멎기를 기다리며 서성거렸습니다.

무료해진 노부인은 이곳저곳을 기웃거렸지만 아무도 관심을 두지 않았습니다. 노인이 가구를 가리키며 물었습니다.

"이 가구는 얼마나 합니까?"

"……"

점원들은 묵묵부답이었습니다. 수수한 옷을 입고 있는 노부인이 그저 귀찮게 생각되었습니다.

노부인이 재차 묻자 한 점원이 성가시다는 표정으로 부인에게 대꾸했습니다.

"할머니, 보아 하니 돈도 없으신 것 같은데……. 그냥 구경만 하시다 가세요."

"……"

노부인은 기분이 나빴지만 못 들은 척했습니다. 비를 피할 수 있는 것만으로도 기쁘게 생각했기 때문입니다. 그때 한 젊은 점원이 다가와 공손하게 인사를 했습니다.

"할머니, 가구를 사러 오셨습니까?"

노부인은 미안한 표정으로 대답했습니다.

"아니에요. 비가 와서 밖으로 나갈 수도 없고, 내 운전기사가 차를 가지고 올 때까지 시간을 보내기 위해서 이리저리 둘러보고 있는 중입니다. 신경 쓰지 말아요."

그러자 젊은이는 친절하게 말했습니다.

"그러시군요. 제가 편안한 의자 하나를 내어 드릴 테니 운전기사가 올 때까지 앉아서 기다리세요."

젊은 점원은 노부인에게 따뜻한 미소를 지으며 의자를 내 주었습니다. 잠시 후 비가 그치자 점원은 백화점 입구까지 노부인을 배웅했습니다. 노부인은 백화점을 떠나면서 그 젊은 남자에게 명함을 받아갔습니다.

몇 달이 지난 후 그 백화점 사장에게 한 노부인으로부터 편지가 도착했습니다.

'스코틀랜드의 성에 가구를 들여 놓고 싶으니 그 젊은 점원을 보내 주세요.'

노부인은 바로 당대 최고의 부자였던 앤드류 카네기의 어머니였습니다! 노부인은 젊은 점원으로부터 수만 달러 상당의 가구를 구입했습니다.

친절한 말이 계기가 되어 그 점원은 백화점 사장에게 인정받았을 뿐 아니라 훗날 큰 사업가로 성공할 수 있었습니다.

인생의 성공 씨앗, 말 속에 깃들어 있습니다. 성공으로 이끌어 주는 모든 기회는 사람과 사람 사이에서 생겨나기 때문입니다. 그래서 성공한 사람들은 하나같이 상냥하고 친절하게 말하는 습관을 가지고 있는 것입니다.

성공한 사람들에게는 한 가지 공통점이 있습니다. 말을 할 때 어휘가 풍부하다는 것입니다. 예를 들어 지금 피자가 먹고 싶다면 "아, 피자 먹고 싶다"라고 말하기보다 "푸짐한 토핑에, 치즈, 그리고 소스까지! 정말 군침 도네"라고 상상력을 동원해서 말을 해 보세요.

옆에 있는 사람까지 피자를 먹고 싶은 충동에 휩싸이게 될 것입니다. 이런 생생한 말을 들은 엄마라면 누구도 피자를 안 사 주시고는 못 배길 것입니다. 따라서 이루고 싶은 꿈이나 원하는 것이 있다면 최대한 풍부하게 어휘를 활용해서 말하는 것이 좋습니다.

인생의 성공 씨앗은 말 속에 숨어 있습니다. 말의 힘은 과학적입니다. 지금 하는 말버릇에 따라 불행한 미래를 만들 수도, 눈부신 미래를 만들 수도 있습니다. 성공하는 인생을 사람들의 말이 그렇지 않은 사람들에 비해 상냥하고 친절할 뿐 아니라 긍정적인 것 역시 이 때문입니다.

　여러분, 성공하는 인생을 살고 싶은가요? 그렇다면 욕설이나 거친 말, 상대방을 기분 상하게 하는 말보다 친절한 말과 따뜻한 말을 쓰는 습관을 가져 보세요. 고운 말은 성공의 기회를 끌어당기는 자석이랍니다.

대한민국 대표 인성 교과서 · 환경 동화
★ 왜 안 되나요 시리즈 ★

중국 저작권 수출 도서
한우리 독서올림피아드 필독서
서울시교육청 추천도서
아침독서 선정도서
교보문고 키위맘 선정도서
서울환경연합 선정도서
소년한국우수도서 선정도서
국립어린이청소년도서관 추천도서

★★★★ 어린이를 위한 습관의 힘 시리즈

★★★★ 탤리캣과 마법의 수학 나라 시리즈

★★★★ 말뜻을 알면 개념이 쏙쏙 잡히는 시리즈

★★★★ 세상을 바꾸는 멘토 시리즈

권당 12,000원 · 각 시리즈는 계속 출간됩니다!